영단어 세계사

EIGO WA 「GOGEN × SEKAISHI」 WO SHIRUTO OMOSHIROI
by Kenji Shimizu

Copyright © Kenji Shimizu
All rights reserved.

Originally published in Japan by SEISHUN PUBLISHING CO., LTD., Tokyo.
Korean translation rights arranged with SEISHUN PUBLISHING CO., LTD., Japan.
through Lanka Creative Partners co., Ltd., Japan and EntersKorea Co., Ltd., Korea

이 책의 한국어판 저작권은 (주)엔터스코리아를 통해
저작권자와 독점 계약한 파피에 있습니다.
저작권법에 의하여 한국 내에서 보호를 받는 저작물이므로
무단전재와 무단복제를 금합니다.

영단어 세계사

시미즈 겐지 지음
위정훈 옮김

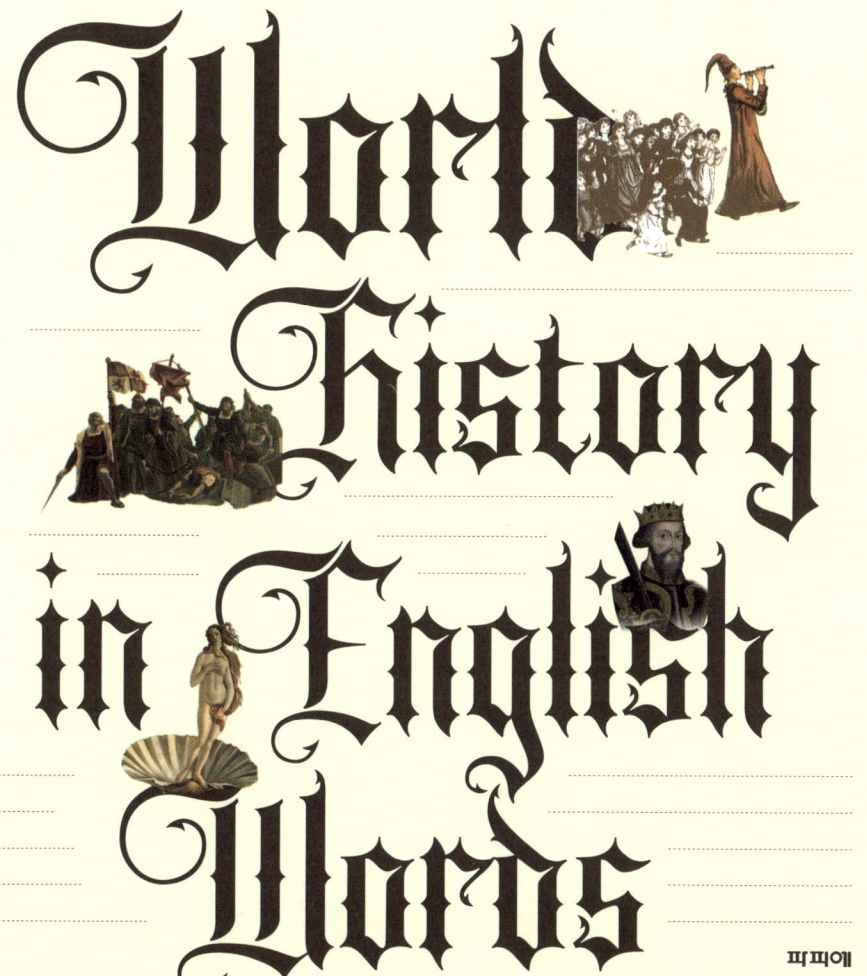

World History in English Words

피피에

머리말

언어의 기원은 **바벨탑**!

『구약성서』「창세기」에 따르면 하나님이 유일하게 선한 인간으로 인정한 노아는 가족과 함께 하나님의 지시대로 방주를 만들고 모든 동물을 한 쌍씩 태워 대홍수에 대비했다. 대홍수는 40일 동안 밤낮 없이 이어졌고, 지상의 생물은 전멸했다. 얼마 후 노아는 비둘기를 풀어놓았으나 머무를 곳을 찾지 못해 다시 돌아왔다. 그로부터 7일 후 다시 비둘기를 날려 보냈더니 이번에는 올리브 잎을 부리로 물고 돌아왔다. 다시 7일 후에 비둘기를 풀어놓았더니 더 이상 돌아오지 않았다. 땅에 물이 빠진 것을 안 노아는 가족과 동물들을 데리고 방주에서 내려와 그곳에 제단을 쌓고 하나님께 제사를 드렸다.

그러자 하나님은 다시는 모든 생물을 멸망시키지 않겠다고 약속하시고, 그 언약의 증거로 하늘에 무지개를 띄워 노아와 그 가족에게 축복을 내리셨다. '비둘기'와 '올리브 잎'이 '평화의 상징'으로 여겨지는 이유가 여기에 있다.

「창세기」에 따르면 당시 모든 인간은 같은 언어를 사용하고 있었

피터르 브뤼헐의 「바벨탑」(1563). 바벨은 히브리어로 '언어의 혼란'이라는 뜻이다.

다. 홍수 후 살아남은 노아의 후손들은 동방에 도시를 짓고 돌 대신 벽돌을, 회반죽 대신 아스팔트를 사용해 하늘에 닿는 탑을 쌓아 이름을 떨치려고 했다. 이 계획을 알게 된 신은 인간의 언어를 혼란시킨 뒤 인간들을 각지로 흩어지게 하고, 건설을 포기하게 했다. 이른바 '바벨탑(Tower of Babel)' 이야기인데, 이를 계기로 각지에 흩어진 인간들은 다양한 언어를 사용하게 되었다고 한다.

바벨은 히브리어로 '언어의 혼란'이라는 뜻으로, '신의 문'을 뜻하는 아카드어에서 유래했다. 아스팔트는 현재 포장도로 등에 사용되고 있지만, 태곳적부터 접착제와 방수재로 사용되어온 재료다. 노아의 방주에는 방수재로, 이집트 미라에는 방부제로 천연 아스팔트가 사용되었다.

위의 그림은 물론 상상에 의해 그려진 것이지만, 현재 이라크와 이란에 있는 '지구라트(ziggurat)'라는 유적을 바탕으로 한 것으로 보인다. 지구라트는 아시리아어로 '높은 곳'이라는 뜻으로 고대 메소포타미아에서 계단식으로 쌓아올린 피라미드 신전을 말한다.

「창세기」의 '바벨탑'은 바빌론의 지구라트가 전설화된 것으로 알려져 있다.

✤ 영어의 원류인 '인도유럽조어'란?

현재 전 세계에는 7,000개에 가까운 언어가 존재한다고 알려져 있는데, 비교언어학 연구에 따르면 이들 언어는 공통의 조상으로부터 분화되었다고 추정되는 그룹(어족)으로 분류할 수 있다고 한다.

그중 가장 큰 그룹은 인도유럽어족이다. 유럽에서 사용되는 대부분의 언어와 인도의 힌디어, 이란의 페르시아어 등의 기원은 동일하며, 본래 인도유럽조어(Proto-Indo-European, PIE. 줄여서 '인구조어印歐祖語'라고 한다)라는 하나의 언어에서 다양한 언어로 분화해나간 것으로 여겨지고 있다.

예를 들어, '발'을 나타내는 인도유럽조어는 ped이다. 라틴어에서는 그대로 ped, 그리스어에서는 pod, 리투아니아어에서는 peda, 인도의 고대 언어인 산스크리트어에서는 pad가 되는 등 소리가 매우 비슷하다. 또한 인도유럽조어의 자음 p는 게르만어를 거쳐 영어에 차용될 경우 f음으로 변하기 때문에 영어에서는 foot, 독일어에서는 Fuß가 된다.

마찬가지로 인도유럽조어에서 '아버지'인 pəer는 산스크리트어에서는 pitar, 그리스어나 라틴어에서는 pater, 고대 페르시아어에서는

pita가 되고, 게르만어를 경유한 영어에서는 father가 된다.

이 법칙은 『그림 동화』의 편집자이자 저명한 언어학자였던 그림 형제의 형 야코프 그림(Jacob Grimm)이 발견했기 때문에 '그림의 법칙'이라고 불린다.

인도유럽어족이 언제, 어디서 탄생했는지 명확하게 밝혀지지 않았지만 기원전 4000년 무렵 남러시아 스텝지대에서 기원했다고도 하고, 기원전 6500년 무렵 아나톨리아에서 기원했다고도 한다. 어느 쪽이든, 만약 바벨탑 건설 계획이 사실이라면 그 당시 사용되었던 인류의 언어는 인도유럽조어였을 것으로 추측할 수 있다. 이렇게 생각하면 『구약성서』의 바벨탑 이야기를 단순히 황당무계한 허구로 치부할 수 없을 것 같다.

⁜ 유럽 민족과 영어의 역사

현재 유럽 인구를 구성하는 주요 민족은 다른 지역에서 온 이민자들을 제외하면 게르만계, 라틴계, 슬라브계 세 가지가 주류를 이루고 있다.

게르만계 언어는 영어, 독일어, 네덜란드어, 노르웨이어, 스웨덴어, 덴마크어 등이고, 라틴계 언어는 프랑스어, 스페인어, 이탈리아어 등이며, 슬라브계 언어는 러시아어, 우크라이나어, 체코어, 폴란드어 등이다. 그리고 이 모든 언어의 공통 조상어가 인도유럽조어다.

또한 같은 계통의 언어들은 서로 가깝기 때문에 그 안에서 외국어 학습은 비교적 쉽게 이루어진다. 예를 들어, 라틴계 언어들은 문법과 어휘가 매우 유사하기 때문에 서로의 언어로 어느 정도 의사소

통이 가능하다.

  영어의 역사는 5세기 중반 북유럽에서 브리튼섬으로 침입한 앵글로색슨족이 사용하던 언어에서 시작된다. 이후 앵글로색슨어는 9세기에 같은 북유럽에서 침입한 노르만인의 일파인 데인족의 언어인 고대 노르드어에 큰 영향을 받게 된다.

  또한 1066년에 영어 어휘에 큰 영향을 끼치는 세계적 사건이 발생한다. '노르만 정복'이라 불리는 노르만인의 잉글랜드 정복이다. 이로 인해 잉글랜드에서는 이후 약 300년 동안 프랑스어가 공용어가 되고, 대량의 프랑스어가 영어에 유입된다.

  영어는 프랑스어와 다른 계통의 언어인데도 프랑스어와 프랑스어의 기반이 되는 라틴어에서 유래한 단어가 매우 많은 이유가 바로 여기에 있다.

  어원을 통한 영단어 학습이 효과적이라는 것은 필자의 저서 『영단어 어원도감』 발행 부수가 단권으로 85만 부를 넘어선 것에서도 쉽게 짐작할 수 있다.

  하지만 어원 학습은 단조로울 수밖에 없다는 단점이 있는 것도 사실이다.

  이 책의 가장 큰 특징은 어원 학습의 지루함을 덜어주기 위해 유럽의 역사를 재미있게 배우면서 영단어 어휘력을 높이는 것을 목표로 삼았다는 점이다. 세계사 교과서에서 다루지 않은 흥미로운 뒷이야기와 한 번 들으면 다른 사람에게 알려주고 싶어지는, 눈이 번쩍 뜨이는 상식 등이 풍부하게 담겨 있는 점도 큰 특징이라고 자부한다.

3년여에 걸친 코로나 팬데믹이 끝나면서 사람들이 다시 해외로 눈을 돌릴 수 있게 되었다. 개인적으로도 얼마 전 말레이시아 쿠알라룸푸르(어원은 '진흙탕 강이 합류하는 지점'이다)로 여행을 다녀왔는데, 코로나 이전의 세상으로 완전히 돌아간 느낌이었다. 조만간 유럽도 여행해보고 싶다. 예전에 유럽을 방문한 적이 있는 사람이든 그렇지 않은 사람이든, 이 책을 읽으면 지금까지와는 전혀 다른 시각으로 유럽 여행을 즐길 수 있을 것이다.

차례

머리말 언어의 기원은 바벨탑! · 5

chapter 1. 고대 로마와 기독교의 역사

01 : 영어 어원으로 로마 건국 신화의 수수께끼를 풀다 · 19
군신 마르스에서 탄생한 영어 단어 | 인기 관광지 '팔라티노 언덕'에서 탄생한 '궁전'

02 : 영어 알파벳은 그리스 문자에서 탄생했다 · 23
로마에서 탄생한 영어 단어 | 코로나 '오미크론'과 현미경은 어원이 같다

03 : 로마, 왕을 내쫓고 공화정으로 가다 · 25
'원로원'에서 탄생한 영어 단어 | republic(공화제)과 popularity(인기)의 공통점

04 : '독재관' 카이사르의 죽음과 '황제' 아우구스투스 · 28
독재관(dictator)과 사전(dictionary)은 어원이 같다 | emperor(황제)와 imperial(제국)의 어원은 '명령하다' | 아우구스투스에서 유래한 8월(August), 권위(authority), 경매(auction)

05 : 종교는 '신을 강하게 연결하다'에서 왔다? · 31
religion(종교)과 rely(신뢰하다)의 '연관성'은?

06 : 유대교, 기독교를 낳다 · 33
사도(apostle)의 어원과 관련한 영어 단어들 | 크림(cream)은 기독교의 성유에서 유래했다

07 : 기독교 이전에 로마 미트라교가 있었다 · 38
하지와 동지의 solstice는 '태양이 멈춘 지점' | 아미타의 미는 '계량하다'의 me | 숫자를 왜 넘버라고 할까? | 학문명의 어미에 붙는 nomy의 의미

08 : 기독교 박해와 천국의 열쇠를 받은 '성 베드로' · 44
성 베드로에서 유래한 이름 | 오일(oil)은 '올리브(olive) 기름'이 어원이다

09 : 폭군 네로, 사실은 명군이었다 · 47
티라노사우루스의 티라노는 폭군(tyrant)에서 유래했다 | 콜로세움(colosseum)은 네로의 거대한 동상에서 유래했다 | 그로테스크의 기원은 동굴 벽화에 그려진 문양 | dom(집)과 관련한 단어 | 고대 로마 금화는 금의 원소 기호인 Au나 오리올과 어원이 같다 | 마일, 밀리언, 밀리어네어의 관계 | grave와 tomb(무덤)의 차이점

10 : 밸런타인데이의 기원과 6월의 신부 · 54
'6월의 신부'는 왜 6월일까?

11 : 박해받던 기독교, 로마의 국교가 되다 · 58
삼위일체(Trinity)와 같은 계열의 3이 붙는 뜻밖의 단어 | 크리스마스의 기원

12 : 로마 제국의 분열, 그리고 서로마 제국의 운명 · 61

13 : 로마 제국의 분열, 그리고 동로마 제국 천년의 영광 · 63

chapter 2. 인종과 민족

01 : 백인종과 '눈처럼 하얀' 코카서스산맥 · 67
oid(~와 같은)가 붙는 영단어 | weid(보다)의 의미를 가진 영단어 | 역사의 어원은 'his+story'가 아니다

02 : 유럽의 민족과 숫자 3은 무슨 관계가 있을까? · 70
종족(tribe)은 3개의(tri) 부족으로 구성된 로마인이 어원

03 : 유럽을 흐르는 '아름답고 푸른' 라인강과 다뉴브강 · 72
run에 '흐르다'라는 뜻이 있는 것은 라인강과 관계가 있다 | 부다페스트의 부다(Buda)의 어원은 '물'이다

04 : 꿀술과 맥주, 고대 게르만인에서 유래한 것들 · 77
신혼여행(honey+moon)은 결혼 후 1개월간 꿀술을 마시는 풍습에서 | 신부의 일이 빵을 굽는 것에서 탄생한 신부(bride)와 빵(bread) | groom(신랑)과 grooming(그루밍)의 의외의 관계 | 술의 기원 | 맥주와 음료(beverage)의 뿌리는 같다 | 키(stature)와 어원이 같은 영단어 | 하이볼(highball)의 유래 | 게르만인의 어원은 '시끄러운' 민족

05 : 켈트족과 소금, 켈트족과 핼러윈 · 86
샐러드, 살라미, 소스는 소금(salt)에서 파생된 단어들 | 브리튼섬의 의미 | 핼러윈에 과자를 나눠 주는 이유 | 핼러윈의 어원은 'All(모든)+Hallow(성인)+Even(전날 밤)'이다

06 : 게르만인의 대이동에 관여한 여러 민족 · 91
동고트족과 서고트족 | 고딕 서체는 고트족에 대한 경멸적 호칭에서 유래했다

07 : 안달루시아의 어원이 된 반달족 · 95
반달족의 야만적 행위에서 탄생한 영단어들 | 와인의 산지 부르고뉴의 이름으로 남아 있는 부르군트인 | 긴 수염(Long beards)을 뜻하는 랑고바르드인 | canal(운하)과 channel(해협)은 어원이 같다 | 아쿠아리움은 '가축이 물 마시는 곳' | 섬(island)과 혈당을 낮추는 인슐린은 어원이 같다 | '유럽의 아버지' 카롤루스 대제는 왜 샤를마뉴라고 불릴까? | 프랑스는 프랑크인들이 무기로 사용하던 투척용 창에서 유래했다 | 자유인이었던 프랑크족에서 유래한 frank(솔직한) | 헝가리와 불가리아의 어원 | 요구르트는 튀르크어로 '걸쭉하게 하다'에서 유래 | 영어(English)는 앵글로색슨족이 사용하는 언어 | 앵글(모서리)과 낚시꾼의 의외의 관계 | 색슨의 어원 '자르다'에서 파생된 영단어 | '일곱 번째 달'을 뜻하는 September가 왜 '9월'일까? | 해적인 바이킹과 마을(village), 대저택(villa)의 관계 | 덴마크는 데인족의 경계(mark) | 프랑스어의 영향을 받은 영어 단어가 많은 이유 | say(말하다)의 바탕이 된 북유럽의 전승 '사가' | 영국 왕실의 시조는 노르망디의 바이킹 | 러시아(Russia)의 어원은 '노를 젓는(row) 사람'

chapter 3. 이베리아반도의 레콩키스타

01 : 무함마드, 알라의 계시를 받고 이슬람교를 창시하다 · 123
예언자란 'pro(미리)+phet(말하는 사람)' | 경전 코란은 '암송해야 할 것' | 이슬람의 가르침 '라마단'의 의미

02 : 이베리아반도에 침입하는 이슬람 세력 · 128
지브롤터해협에 이름을 남긴 이슬람 장군들 | 모로코(Morocco)의 어원

03 : 레콩키스타, 기독교인의 땅을 되찾다 · 131
conquest(정복)는 적의 소유물을 모두 빼앗는 것 | quest(탐구)와 어원이 같은 question(질문), request(요청)

04 : 아라곤 왕국과 카탈루냐 군주국의 연합 국가 · 135
사그라다 파밀리아는 Sacred Family Church(성가족 교회) | 카스텔라의 어원은 '카스티야 왕국의 과자' | 카스티야 왕국의 문장에 성(castle)이 그려져 있는 이유

05 : 로마 시대의 수도교가 남아 있는 세고비아 · 138
이베리코 돼지의 이베리코는 이베리아반도에서 유래했다

06 : 파에야를 낳은 도시, 발렌시아는 강하다? · 140
파에야는 프라이팬을 의미했다 | 오징어(squid)는 '(먹물을) 뿜어내는(squirt) 것' |
세피아색의 세피아는 '오징어 먹물로 만든 갈색 안료' | 발렌시아의 어원 val(힘)에서
탄생한 뜻밖의 단어

07 : 톨레도, 이슬람과 기독교가 공존한 곳 · 144

08 : 세르반테스와 벨라스케스는 기독교 개종자였다 · 146
무슬림이 먹는 것을 금하는 '하람'과 '하렘'의 어원이 같은 이유는? | converter
(개종자)와 함께 외우고 싶은 영어 단어 | Inquisition(이단 심문)과 함께 외우고 싶은 영어
단어

09 : 에스파냐는 로마의 속주 '히스파니아'에서 왔다 · 151

10 : 레콩키스타의 완료, 무슬림과 유대인은 또 쫓겨났다 · 153
expel(추방하다)의 어원에서 탄생한 영어 단어

11 : 콜럼버스의 신대륙 발견의 또 하나의 목적은? · 156
콜럼버스의 이름과 관련된 크리스토퍼 전설이란? | 의식에 사용하는 향유(balsam)에서
balm(진통제)이 탄생했다

12 : 석류 도시의 붉은 성, 그라나다의 알람브라 · 159
아라베스크 문양은 '아랍풍의 장식 문양' | 아랍어에서 유래한 영어 단어

chapter 4. 대개간 운동과 십자군 원정대

01 : 유럽 '중세'여 '영원'하라? · 171
medieval(중세의)은 eternal(영원한)과 같은 어원이다 | 로마 교황(pope)은 아빠를
뜻한다 | arch(우두머리)를 포함하는 영어 단어

02 : 봉건적 주종관계에서 탄생한 기사도 정신 · 175
영주(lord)는 '빵(loaf)을 관리하는 사람' | 기사(knight)의 어원은 '하인' | ride(타다)에
서 ready(준비된)가 탄생한 이유 | 오마주(hommage)의 기원

03 : 장원 영주와 농노의 주종관계 · 180
'매너하우스'의 매너는 '장원'을 의미했다 | 카드 게임에 숨겨진 의외의 사실

04 : 하얀 옷을 입은 수도사, 검은 옷을 입은 수도사 · 183
수도원(monastery), 수도사(monk)에 붙는 mon의 의미

05 : 수도사들의 24시, 성무일과가 낳은 단어들 · 185
supper(저녁식사)와 soup(수프)는 같은 어원이다 | 아침 식사(breakfast)는 '단식(fast)을 깨는(break) 것' | 장관(minister)은 신을 섬기는 '작은(mini)+사람(ster)'이다 | 9시과에서 noon(12시)이 탄생한 이유 | 통금(curfew)의 기원은 '불을 덮는' 수도원의 관습에서 유래했다

06 : 유럽인에게 숲은 어떤 이미지일까? · 189
달의 여신 루나도 원래는 나무의 신이었다 | 달에서 탄생한 영어 단어 | 숲(forest)과 외국인(foreigner)의 어원이 같은 이유 | 알고 보면 무서운 『그림 동화』 속의 숲 | 숲의 정령(sylvan)과 야만인(savage)의 관계 | 문화(culture)는 마음을 가꾸는 것 | '경작하다'에서 태어난 식민지화(colonization)

07 : 기독교 성지 순례의 유행 · 198
순례자(pilgrim)와 농업(agriculture)은 어원이 같다 | 여행(travel)의 어원은 고문 도구? | 순례자에 대한 환대에서 병원(hospital)이 탄생했다 | ser(지키다)가 어원인 영어 단어 | '동방박사'의 박사(magos)는 마술사가 되었다 | might(힘), main(주요), machine (기계)에 공통된 의미가 있다 | 캠프의 어원은 캠퍼스(평원)이다 | 유대인 야곱은 영국에서는 제임스, 프랑스에서는 자크가 되다

08 : '성상 금지령'을 둘러싼 동서 교회의 대립 · 205
아이돌(idol)의 본래 의미는 '우상(신)'

09 : 로마 교황의 호소로 십자군 원정이 시작되다 · 207
Cross(십자가)에서 탄생한 영단어

10 : 대성공으로 끝난 1차 십자군 전쟁 · 210

11 : 저력을 앞세운 이슬람 세력의 2차 십자군 전쟁 · 212
이교도(pagan)는 '촌놈'을 뜻하는 경멸적인 단어다

12 : '십자군 역사의 꽃', 3차 십자군 · 214
붉은 수염왕의 '빨강'과 어원이 같은 '루비', '녹', '풍진'

13 : 최악의 십자군, 4차 십자군 원정 · 217
교황 인노켄티우스는 순진했다(innocent)

14 : 하멜른의 피리 부는 사나이와 아이들은 어디로 갔을까 · 220
피리 부는 남자의 정체와 관련한 어원

chapter 5. 르네상스

01 : 신 중심에서 인간 중심의 시대로 · 227
노스탤지어의 어원은 '귀향+고통(향수병)'이다 | 르네상스란 '다시 태어나는 것' | gene(태어나다, 종)에서 탄생한 영단어

02 : 르네상스 시대의 3대 발명품 · 230
3대 발명품을 영어로 답할 수 있나요? | 화포(artillery), 예술(art), 기사(article)의 공통된 의미

03 : 르네상스 시대의 문학, 라틴어를 버리다 · 234
연옥(purgatory)은 영혼을 순수하게 만드는 곳 | night(밤)의 어원이 된 여신

04 : 르네상스 시대의 예술, 봄을 노래하다 · 237
hour(시간)의 어원이 된 시간의 여신 | 엽록소와 염소(chlorine)의 공통점은 '황록색'이다 | '담즙'에서 탄생한 콜레스테롤, 콜레라, 멜랑콜리아(우울증) | gl로 시작하는 '빛나다'의 뜻을 가진 영어 단어

05 : 「최후의 만찬」에 숨어 있는 심리 드라마 효과는? · 244
원근법에서 '소실점(vanishing point)'의 어원 | 프레스코화의 프레스코는 프레시(fresh)에서 유래 | 템페라, 기질(tempera), 기온(temperature)의 공통점은 '혼합하는 것'

06 : 「천지창조」와 「최후의 심판」에 숨은 메시지 · 251
기념일(anniversary)이 연금(annuity)과 어원이 같은 이유 | 왜 오른쪽(right)이 '정의'를 의미할까?

07 : 르네상스 시대를 대표하는 2대 건축물 · 258
'큐폴라'의 의미

08 : 르네상스의 중심, 피렌체에서 로마로 옮겨가다 · 263
'면죄부(indulgence)'의 기원

맺음말 · 266
그림 출처 · 269

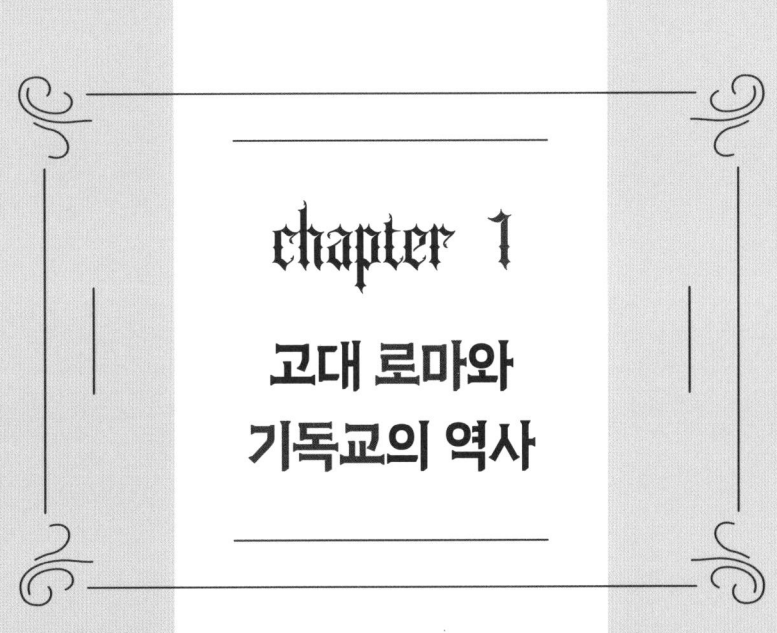

chapter 1
고대 로마와 기독교의 역사

CHAPTER 01

ROOTS **01**

영어 어원으로
로마 건국 신화의 수수께끼를 풀다

❖ 군신 마르스에서 탄생한 영어 단어

　고대 로마의 건국 신화를 알고 있는가? 로마를 가본 적이 있는 사람이라면 암컷 늑대와 쌍둥이 아기의 동상, 또는 그것을 그린 그림이나 삽화를 본 기억이 있을 것이다. 이탈리아 축구팀 AS 로마의 엠블럼으로 채택된 디자인이기도 하다. 신화에서는 도시국가 로마가 기원전 753년 4월 21일에 이 쌍둥이 형제에 의해 건국되었다고 전한다. 해마다 로마 시민들이 기념하는 4월 21일부터 며칠 동안 로마 시내에서는 로마 군인으로 분장한 사람들의 퍼레이드와 다양한 이벤트가 열린다.

　쌍둥이 형제는 로마 신화의 군신 '마르스(Mars)와 '베스타(Vesta)'를 섬기는 무녀 '실비아(Silvia)' 사이에서 태어났다. '전투'는 '불'을 연상시키므로 군신 마르스는 밤하늘에 붉게 빛나는 '화성'의 이름이기도 하다.

형용사형인 martial(전쟁의)에서 martial arts는 태권도, 유도 등의 '격투기', court-martial은 '군법회의'가 된다. 마틴(Martin)이나 마크(Mark)라는 남자 이름도 마르스를 본뜬 용감한 이름이다.

마르스는 농경의 신이기도 했다. 당시 로마의 겨울은 혹독해 농사도 지을 수 없었고 전쟁도 수행할 수 없었기 때문에 오늘날 1월과 2월에 해당하는 시기는 이름조차 없었고, March(3월)가 1년의 시작이었다. '행진(하다)'이라는 뜻의 march는 전쟁이 시작될 때의 '군대의 행진'이 원래 의미이며, 어원은 군신 마르스다.

베스타는 가정과 가족을 관장하는 처녀신으로 그 상징은 '화덕' 또는 '불'이다. 실비아는 알바롱가 왕국의 왕 누미토르의 딸이었다.

왕의 동생 아물리우스는 왕위 찬탈을 노리고 실비아를 제외한 형의 자녀들을 살해했다. 또한 형의 후손들이 복수할 것이 두려웠던 아물리우스는 아이를 낳지 못하도록 실비아를 무녀로 만들어 영원히 처녀로 살도록 강요했다.

그러던 어느 날, 호수에서 물을 긷던 실비아가 갑자기 졸음을 견디지 못하고 잠이 든다. 그곳에 마르스가 나타나 잠든 실비아와 교접해 쌍둥이 형제 로물루스와 레무스가 태어난다. 이를 알게 된 아물리우스는 쌍둥이를 바구니에 담아 테베레강에 떠내려 보내지만, 운 좋게도 바구니는 팔라티노 언덕 기슭의 무화과나무에 걸려 강가로 나오게 된다.

쌍둥이는 암컷 늑대의 젖과 딱따구리가 물어다 주는 것을 먹으며 살아남았고, 그 후 성인이 될 때까지 팔라티노 언덕에서 양치기의 보살핌을 받는다. 마침내 출생의 비밀을 알게 된 형제는 아물리우스 왕을 물리치고 할아버지 누미토르를 알바롱가의 왕좌에 복위시킨다.

쌍둥이 로물루스와 레무스에게 젖을 먹이는 암늑대의 상(카피톨리니 미술관).

 이야기는 계속된다. 쌍둥이 형제는 자신들의 나라를 건설하기 위해 땅을 찾는다. 형 로물루스는 팔라티노 언덕, 동생 레무스는 아벤티노 언덕을 선택해 각각 제단을 쌓고 새를 이용한 점으로 어느 곳이 더 적합한지 결정하기로 한다.
 당시에는 새가 날아가는 방향이나 울음소리로 점을 치는 새 점이 국사를 결정하는 데 필수적인 요소였고, '아우구르(augur)'라고 불리는 점술관은 국가를 위해 봉사하는 제사장으로 중요한 역할을 담당했다. 이 점괘에서 승부가 나지 않자 두 사람은 대립했고, 싸움 끝에 형인 로물루스가 왕위에 오르게 된다. 이것이 로마의 건국 신화의 전말이다.

❖ 인기 관광지 '팔라티노 언덕'에서 탄생한 '궁전'

'로마'는 라틴어 또는 이탈리아어 표기로는 Roma, 영어 표기로는 Rome인데, 이 명칭은 쌍둥이 형인 '로물루스(Romulus)'에서 유래한 것으로 알려져 있다. 언어학적으로 확실하게 밝혀진 것은 아니지만, 적어도 이탈리아 사람들은 그렇게 믿고 있다. 또한 팔라티노 언덕(Monte Palatino)에는 역대 로마 황제의 궁전이 자리했으며, 이 팔라티노는 '궁전'을 뜻하는 '팰리스(palace)'의 어원이 되었다.

CHAPTER 01

ROOTS 02

영어 알파벳은
그리스 문자에서 탄생했다

❖ 로마에서 탄생한 영어 단어

　　Rome(로마)의 파생어로는 Roman[(고대) 로마의, (고대) 로마인], romance(로맨스, 연애소설, 낭만), romantic(로맨틱한), Romanize(로마식으로 만들다), Romanic(로망스어의) 등이 있다.

　　로망스어는 고대 로마인들의 언어였던 라틴어에서 갈라져 나온 언어로, 이탈리아어, 포르투갈어, 스페인어, 프랑스어, 루마니아어 등이 이에 속한다. 이들 언어는 로마 제국 붕괴 이후 각지의 토착어를 흡수하면서 독자적인 변화를 거듭한 결과 탄생했다.

　　'로마자'는 Roman alphabet 또는 Latin alphabet이라고 하는데, alphabet은 그리스 문자 '알파(α)와 베타(β)의 합성어이며, 라틴 문자(로마자)는 그리스 문자를 차용한 것임을 알 수 있다. 알파로 시작해 오메가로 끝나는 그리스 문자는 24개로 이루어져 있는데, 이 가운데 처음 4개의 문자인 알파, 베타, 감마, 델타와 15번째 문자인 오미크론은 코로나 변종 바이러스의 변이주 이름에 사용되고 있다.

❖ 코로나 '오미크론'과 현미경은 어원이 같다

알파, 베타, 감마, 델타의 네 글자는 많이 알려져 있지만, 15번째 문자인 오미크론은 처음 들어본 사람도 많을 것이다. 그리스 문자에는 영어의 알파벳 O에 해당하는 것으로 '오미크론(O)과 오메가(Ω)'가 있다. 예전에는 전자가 단음 '오', 후자가 장음 '오'로 구분됐지만, 오늘날에는 글자 차이만 있고 발음의 차이는 없다.

오미크론(omicron)과 오메가(omega)의 어원은 전자가 'micron(작은) O', 후자가 'mega(큰) O'이다. '미크론(micron)은 1미터의 100만분의 1을 나타내는 단위이며 microscope(현미경), microphone(마이크), microbe(미생물), Micronesia(미크로네시아, 작은 섬들) 등의 어원이기도 하다. 반면 mega(메가)는 megaphone(메가폰), megaton(메가톤, 100만 톤)과 같이 '크다'는 뜻의 그리스어에서 유래했다.

라틴어는 기본적으로 로마자와 동일하게 읽으면 되므로 비교적 쉽다. 주의해야 할 것은 다음에 제시한 단어의 머리글자의 자음 발음이다. Caesar, Jupiter, Venus는 각각 영어식으로 읽으면 '시저', '주피터', '비너스'이지만 라틴어로는 '카이사르', '유피테르', '웨누스'로 읽는다. 그 밖에도 세세한 부분에서 로마자와 읽는 방법이 다르지만, 이 세 자음의 발음만 익히면 대부분의 라틴어를 읽을 수 있다.

CHAPTER 01

ROOTS **03**

로마, **왕을 내쫓고** **공화정**으로 가다

기원전 753년 로물루스 왕에서 시작된 로마의 왕정은 7대에 걸쳐 이어졌다. 왕은 세습이 아니어서 5대와 7대는 에트루리아인이 왕이 되었지만, 기원전 509년에 로마 시민단은 에트루리아인 왕을 추방하고 새로운 공화정을 세웠다. 에트루리아인은 기원전 9세기 무렵부터 이탈리아반도에 정착한 원주민이다.

'원로원(senatus)'은 정치 운영의 가장 중요한 의결 기관이었으며, 귀족들 중에서 선출된 원로원 의원들은 독재자가 등장하지 않도록 서로의 의견을 모아 국가를 통제하고자 했다.

❖ '원로원'에서 탄생한 영어 단어

senatus(서네이터스)는 12세기에 senate(세너트)로 영어에 차용된다. senate의 문자 그대로의 의미는 '노인'이지만, 현재 미국에서는 '상원'이라는 뜻으로 사용되어 senator는 '상원의원'을 가리킨다. senior는

로마 원로원(senatus)에서 카틸리네스를 비난하는 키케로를 묘사한 그림. senatus는 12세기에 senate로 영어에 차용되어 오늘날 미국에서는 '상원'이라는 뜻이 되었다.

'상위의' 또는 '연장자', seniority(시니오러티)는 '지위나 연배가 높은 것'을 의미한다. 연상의 남성에게 사용하는 sir도 같은 어원으로, 스페인어로는 señor(세뇨르)다. 상대가 기혼 여성이라면 señora(세뇨라), 미혼 여성이라면 señorita(세뇨리타)가 된다.

당시 로마 시민은 귀족과 평민으로 나뉘어 대등한 관계가 아니었고, 정치 제도도 사실상 귀족 공화제였다. 그러나 이탈리아반도 통일 전쟁을 통해 평민들이 중장 보병의 핵심이 되면서 발언권을 키워나갔고, 기원전 3세기 초에는 귀족과 동등한 권한을 갖게 되면서 진정한 의미의 공화제가 실현되었다.

❖ republic(공화제)과 popularity(인기)의 공통점

'공화제'란 왕이나 황제 같은 전제군주가 존재하지 않는 국가 정치 제도를 가리키며, 영어로는 republic이라고 한다. 이 단어는 라틴어의 res(문제, 사안)+publica(인민)가 어원이며, public은 형용사로 '대중의, 공공의', 명사로 '일반인, 대중', PR(피알)은 public relations의 약자로 '홍보 활동'을 의미한다.

    publish(출판하다, 게재하다), publisher(출판사), publication(출판, 발표), publicity(광고, 선전) 등이 같은 계열의 단어다.

    people(사람들) 역시 어근 부분에서는 public과 연결되어 있으며, popular(인기 있는, 대중적인), popularity(인기, 평판), population(인구), populous(인구가 많은), populism(대중영합), populist(대중에 영합하는 정치인) 등도 어원이 같다.

CHAPTER 01

ROOTS 04

'독재관' 카이사르의 죽음과
'황제' 아우구스투스

　공화제 로마는 강력한 군사력으로 주변 도시국가와 부족을 정복하고 이탈리아반도를 통일한 뒤에도 세력을 확장해 기원전 1세기 말에는 지중해 전역을 지배하게 된다. 영토 확장으로 막대한 부를 손에 넣은 원로원을 중심으로 한 귀족들이 있는 반면, 군대의 중추를 담당했던 평민들은 전쟁으로 인해 피폐해져갔다.

✤ 독재관(dictator)과 사전(dictionary)은 어원이 같다

　마침내 귀족과 평민의 대립이 격화되어 약 100년 동안 내란이 계속되었다. 혼란 속에서 평민파의 장군으로 실권을 잡은 사람이 카이사르였다. 그는 기원전 46년에 모든 영역에 걸친 막강한 권한을 가진 '독재관(獨裁官, dictator)'이 되었고, 2년 뒤에는 종신 독재관이 되었다.
　dictate(지시하다, 받아쓰게 하다)는 라틴어 dedicare가 어원이며, dict는 '지시하다, 선언하다'라는 의미가 있다. diction은 '말투, 말

로열 셰익스피어 극장에 걸려 있는 그림 「브루투스 너마저」(1888). 독재관(dictator)으로 막강한 권력을 휘두르던 카이사르는 공화제 지지자들에게 암살당하고 만다. dictator의 어근인 dict는 '지시하다, 선언하다'라는 의미가 있다.

씨', dictionary는 diction을 모아 정리한 '사전', predict는 '미리 나타내다'에서 '예언하다', indicate는 말 속에 나타내어 '암시하다', contradict는 반대되는 것을 나타내어 '부정하다, 반박하다', dedicate는 신에게 완전한 의지를 나타내어 '바치다, 헌정하다', addict는 '마약이나 술 따위가 나타내는 방향으로'에서 '중독자, 상습자' 등의 의미가 된다.

독재 정치는 공화정 붕괴로 이어질 것을 우려한 원로원 의원들의 반발을 불렀고, 카이사르는 암살당하고 만다. 암살 공범 중에는 공화제의 열렬한 지지자였던 브루투스도 있었다. 영국 극작가 셰익스피어의 「줄리어스 시저」에서 카이사르가 한 라틴어 "Et tu, Brute?(브루투스, 너마저?)"라는 대사는 유명하다.

✤ emperor(황제)와 imperial(제국)의 어원은 '명령하다'

이런 내란을 종식시킨 이는 카이사르의 양아들인 옥타비아누스였다. 그는 기원전 27년 원로원으로부터 '존엄한 자'라는 뜻의 '아우구스투스'라는 칭호를 받고 제정 로마의 초대 황제가 된다. '황제'는 emperor, 황제가 통치하는 '제국'은 empire다. 이들은 라틴어 imperare(명령하다)를 기반으로 하고 있으며, 형용사형 imperial은 '제국의', 그 명사형인 imperialism은 '제국주의'가 된다. 또 다른 형용사인 imperative는 '반드시 해야 하는', '명령적인'이다.

✤ 아우구스투스에서 유래한 8월(August), 권위(authority), 경매(auction)

7월인 July는 Julius Caesar(율리우스 카이사르)의 탄생월이며, 8월인 August는 Augustus(아우구스투스)에서 유래한다. Augustus는 점술관 아우구르(augur)와 마찬가지로 '증가하다, 낳다, 키우다'가 어원이다. author는 작품을 낳는 '저자', authority는 물건을 만드는 '권위' 또는 '권력'이며, 동사형인 authorize는 '권한을 부여하다', auction은 가격이 높아져가는 '경매', augment는 '늘리다'가 된다.

CHAPTER 01

ROOTS 05

종교는
'신을 강하게 연결하다'에서 왔다?

로물루스에서 시작된 왕정 로마가 공화정을 거쳐 제정 로마에 이르기까지의 간략한 고대 로마 역사의 흐름을 살펴보았다. 이제 화제를 종교로 옮겨보자. 2020년 세계 인구는 약 78억 명으로 추산되며, The world's religious population in 2020(세계 종교 인구 2020)에 따르면 세계 3대 종교 중 기독교인은 24.4억 명으로 전체의 31.3퍼센트, 무슬림은 19.5억 명으로 25퍼센트, 불교도는 4.9억 명으로 6.3퍼센트를 차지한다.

힌두교는 11.6억 명으로 세계 3위의 14.9퍼센트를 차지하지만, 신자는 인도와 그 주변에만 있고 전 세계적으로 확산되지 않아 3대 종교에서 제외된다.

✣ **religion**(종교)과 **rely**(신뢰하다)의 '연관성'은?

'종교'인 religion의 어원에 대해서는 여러 설이 있지만, 라틴어로 사람과 신을 '강하게 연결하다'라는 뜻의 religare에서 유래했다는 것이 가장 일반적인 설이다.

rely는 결속을 강화해 '신뢰하다', reliable는 '신뢰할 수 있다', ally(앨라이)는 '맺는 쪽으로'에서 '동맹국'이나 '동맹하다', alliance는 국가 간의 '동맹', '제휴', oblige도 '묶는 쪽'에서 '의무적으로 ~하게 하다', obligatory는 '의무적인', obligation은 '의무'가 된다.

그 밖에 league(리그, 연맹), liaison(연음, 연락 담당자), liable(책임·의무가 있는) 등도 같은 계열의 단어다.

CHAPTER 01

ROOTS **06**

유대교,
기독교를 낳다

 기독교는 지금으로부터 약 2000년 전 팔레스타인에서 태어난 유대인 예수를 창시자로 하는 종교다. 예수의 부모는 경건하고 독실한 유대인으로 어머니는 마리아, 아버지는 요셉이다. 요셉의 직업은 목수였으나 예수의 직업에 대해서는 알 수 없다.

 유대교는 유일신 야훼를 믿는 유일신교로, 유대인만이 신의 선택받은 백성이라는 '선민사상'과 신이 정한 규칙을 엄격하게 지키는 '율법주의'가 특징인 종교다.

 율법은 신앙에 관한 것뿐만 아니라 일상생활의 세세한 규칙을 지키도록 의무화하고 있다. '모세의 십계명'은 예언자 모세가 유일신 야훼로부터 받은 10가지 계율을 말하지만, 사실 그 외에도 유대인의 경전인 『구약성서』에는 많은 계율이 기록되어 있다.

 음식에 관해서는 '카슈루트'라는 엄격한 규정이 있는데, 먹어도 되는 음식은 보통 '코셔'로 불린다.

영어 kosher(코셔)는 유대교의 율법에 따라 처리된 '합법적인, 정결한'이라는 뜻으로, kosher meal은 유대교 교리에 따라 적정하게 조리된 식사를 말한다.

육지에서는 발굽이 갈라지고 반추하는 초식동물, 바다·강·호수에서는 지느러미와 비늘이 있는 생물, 그 외 맹금류를 제외한 일부 조류 등이 『구약성서』에 코셔로 기록되어 있다.

구체적으로 소, 염소, 양, 사슴 등은 먹어도 되지만 돼지, 낙타, 멧돼지 등은 발굽이 갈라져 있어도 반추하지 않기 때문에 먹어서는 안 된다. 생선은 비늘이 있는 것은 대부분 먹을 수 있지만 장어, 붕장어, 오징어, 문어, 새우, 게, 전복, 굴 등의 해산물은 먹을 수 없다.

유대인 중에는 이런 율법을 지키지 않는 사람도 많았다. 예수도 그중 한 명으로, 율법만 지키면 하나님으로부터 벌을 받지 않는다는 율법주의와 선민사상에 비판적이었다. 예수는 하나님의 사랑이 특정 민족이 아닌 전 인류에게 평등해야 하며, 그 '하나님의 사랑'과 마찬가지로 인간끼리도 서로 돕는 '이웃 사랑'이 중요하다고 설파했다.

예수는 유대인 선지자 요한(12사도인 요한과는 다른 인물)에게 세례를 받았지만, 요한의 생각에 납득하지 못하고 수행을 거듭했다. 그리고 자신이 구세주, 메시아라는 사실을 깨닫고 각지를 돌아다니며 제자를 늘리면서 자연발생적으로 교단 같은 것이 생겨났다.

그러나 율법을 엄격하게 지키기로 유명하고 큰 세력을 가지고 있던 팔레스타인 일대의 바리새파는 예수의 절대적인 인기와 영향력을 무시할 수 없게 되자 예수를 재판에 회부한다.

유대인 재판에서는 유대인을 사형에 처하는 것이 허용되지 않았

INRI가 있는 동방 정교회의 십자가 이콘.

기 때문에 예수의 신병은 로마로 넘겨진다. 당시 팔레스타인은 로마 제국의 속주였으며, 로마에서 파견된 총독 빌라도는 유대 왕 헤롯과의 협상을 거쳐 예수에게 사형을 선고하고 십자가형을 내렸다.

예수의 죄목은 『신약성서』 「요한복음」 19장 19절에 라틴어로 "IESVS NAZARENVS REX IVDAEORVM(나사렛 예수, 유대인의 왕)", 즉 '나사렛 예수가 유대인의 왕을 칭한 것'이라고 되어 있다. 라틴어로 된 이 죄목이 너무 길어 예수가 매달린 십자가 위에는 머리글자 INRI만 적은 팻말을 붙였다고 한다. 28년 무렵의 일로, 예수가 33세 때였다.

chapter. 1 : 고대 로마와 기독교의 역사 35

✥ 사도(apostle)의 어원과 관련한 영어 단어들

처형 후 3일 만에 부활한 예수를 보았다는 사도들이 예수가 메시아라고 확신하고 예수의 가르침을 전파하면서 기독교는 급속도로 퍼져나갔다. 기독교의 경전인 『신약성서』는 주로 '복음서'로 불리는 예수의 행적, 제자들의 전도를 기록한 「사도행전」, 「바울서신」을 포함한 21개의 '서신', 「요한계시록」 등으로 구성되어 있으며, 4세기까지 주로 그리스어로 정리된 것이다.

'사도'는 영어로 apostle(어포슬)이며, 'apo(=ab : ~에서 떨어져서)+stel(보내다)'에서 '파견된 자'가 원래 뜻이다. 형태가 비슷한 epistle(이피슬)은 예수의 사도들이 세상에 보낸 『신약성서』의 '서신'을 의미하며, 여기에 쓰인 stle은 인도유럽조어에서 '놓다, 서다'를 뜻하는 stel로 거슬러 올라간다.

still은 '놓여 있는 상태'에서 형용사로 '움직임이 없는', '조용한', 부사로 시간의 움직임이 없는 상태에서 '여전히, 아직', stale은 맥주나 소다를 그대로 둔 상태에서 '김빠진', stall은 시장에 벌여놓은 '가판대'나 '노점'의 의미가 된다.

stall은 동사로는 움직임이 없어진다는 점에서 '엔진을 멈추다'라는 뜻이 된다. install(인스톨)은 '안에 두다'에서 '설치하다'가 된다.

✥ 크림(cream)은 기독교의 성유에서 유래했다

'구세주'인 '메시아(Messiah)'는 영어로 '메사이아'라고 발음하며, '기름 부음을 받은 자'라는 뜻의 아람어 meshiha와 히브리어 mashiah로 거슬러 올라가는 단어다. 고대 이스라엘 왕이 즉위식에서 이마에 기름 부음을 받은 데서 유래했다. 영어로 the Messiah는 '예수 그리스도'를 의미하는데, Christ 역시 그리스어로 '기름 부음을 받은 자'를 뜻하는 khristos(크리스토스)가 어원이다.

christen은 '세례를 주다' 또는 '기독교도로 만들다', Christian은 '기독교도(의)', Christianity는 '기독교', Christmas는 '그리스도의 미사(mass)'를 의미하며, cream(크림)도 이들 단어와 같이 어원이 khristos이다.

CHAPTER 01

ROOTS 07

기독교 이전에
로마 미트라교가 있었다

고대 로마의 종교는 다신교로, 제국 시대에도 신화에 등장하는 신들의 우상숭배와 이교 신앙이 활발하게 이루어졌다. 미트라교도 그중 하나로, 고대 인도와 고대 이란의 태양신 미트라 신앙과 페르시아 아케메네스 왕조가 국교로 삼은 조로아스터교의 맥을 잇는 원시적인 밀교였다. 미트라교는 태양신 미트라 숭배와 로마의 토착 신앙이 융합된 것으로, 역대 로마 황제들도 신봉자였다. 황제들은 민중을 통제하기 위해 종교를 통일할 필요성을 느꼈고, 자신을 태양신 미트라에 비유하며 황제 숭배 사상을 확산시키려고 했다.

'미트라(mitra)'는 산스크리트어로 '계량자'라는 뜻으로, 세월을 재는 자에서 유래해 '태양의 신', 인간관계를 재는 자에서 유래해 '우정의 신', '정의의 신', '계약의 신'으로 여겨졌다. 고대 농경 사회에서는 태양의 힘이 가장 약해지는 동지 무렵에 태양의 힘이 되살아나기를 기원하는 동지제를 지냈다. 고대 로마에도 동지제 가운데 하나로 미트라 신의 탄생을 축하하는 미트라 축제가 있었으며, 다음과 같은 신화가 전한다.

> "미트라는 세상에 풍요를 가져다주기 위해 천상의 소를 제물로 바치기로 결심하고, 소를 찾아 동굴로 데려가 소의 어깨를 단검으로 찔러 죽였다. 그러자 흘러나온 피에 개와 뱀이 달려들고, 그 피와 소의 꼬리가 보리 이삭으로 변해 세상은 풍요의 시기를 맞이한다. 소가 죽자 태양신이 내려와 미트라 신과 계약을 맺는다. 그들은 함께 식탁에 앉아 소와 포도주를 먹고, 마지막에는 미트라 신이 태양신의 전차를 타고 하늘로 올라간다."

미트라교에서는 소를 신성하게 여겨 축일에 소를 죽이고 그 피를 신에게 바쳤다. 그 영향으로 힌두교에서는 지금도 소를 신성하게 여겨 소를 먹는 것을 금하고 있다.

로마력으로 동지절은 미트라 신이 태어난 12월 25일인데, 이날은 세례와 같은 정결 의식이 있고 빵과 포도주로 성찬식이 행해졌다. 성찬식에서 빵과 포도주는 소와 그 피를 상징하는 것으로, 이 의식이 나중에 기독교에 도입되었다는 설이 흥미롭다.

✣ 하지와 동지의 solstice는 '태양이 멈춘 지점'

태양이 부활하는 날인 동지는 고대 농경민들에게 매우 중요한 날이었다. 그들은 어떤 식으로든 동짓날을 알았고, 태양의 부활을 기원하며 동지 일출을 보았던 것으로 보인다. 영국 남부에 있는 거대한

1574년에 스톤헨지를 방문한 화가가 그린 스톤헨지의 모습. 스톤헨지는 하지(summer solstice)의 일출과 동지(winter solstice)의 일몰을 볼 수 있도록 설계되었다는 설이 있다.

원형의 거석군인 스톤헨지를 만든 목적은 아직 밝혀지지 않았지만, 태양의 움직임에 맞춰 지어져 하지의 일출과 동지의 일몰을 볼 수 있도록 설계되었다는 설도 있다. 즉, 태양력에 근거한 달력설이다.

동지와 하지는 각각 영어로 winter solstice와 summer solstice라고 하는데, solstice(솔스티스)는 라틴어로 '곁으로 보기에 태양이 멈춘 지점'을 의미하는 solstitium이 어원이며, sol은 '태양', stitium은 '멈춘 상태'를 뜻한다.

sol은 인도유럽조어에서 '태양'을 뜻하는 sawel로 거슬러 올라가며, solar(태양의), solarium(일광욕실, 선룸, 선탠룸), parasol(파라솔, 차양),

insolation(일사량日射量) 등은 라틴어에서 유래한 단어다.

반면 sun(태양), sunny(맑은), Sunday(일요일), south(남쪽), southern(남쪽의)은 게르만어에서 유래한 단어다. 그리스어를 경유하면서 난이도가 높아진 단어에는 helium(헬륨), heliotrope(헬리오트로프, 연보라색 꽃이 피는 향이 좋은 식물-옮긴이), 행성이나 수성이 태양에 가장 근접하는 perihelion(페리힐리언=근일점) 등이 있다.

✥ 아미타의 미는 '계량하다'의 me

'미트라'의 어원이 산스크리트어로 '계량자'라는 뜻이라고 앞에서 이야기했는데, '아미타' 역시 같은 어원으로 산스크리트어 '아미타바(amitabha)'와 '아미타유스(amitayus)'라는 두 단어에서 유래했다. 의미는 '헤아릴 수 없는 생명과 빛'이며, '아미타불'은 '헤아릴 수 없는 생명과 빛을 가진 부처님'을 뜻한다.

이 단어들은 인도유럽조어로 '재다, 측정하다'라는 뜻의 me로 거슬러 올라갈 수 있다. 음악을 일정한 템포로 유지하기 위한 시간 측정 기기인 metronome(메트로놈), diameter(지름), thermometer(온도계), symmetry(대칭), asymmetry(비대칭), pedometer(만보계) 등도 같은 어원이다.

또한 '나무아미타불'의 '나무'는 '나는 진심으로 따른다'는 뜻의 산스크리트어 namo 또는 namah가 어원이다.

인도나 네팔에서 만나거나 헤어질 때 쓰는 인사말 '나마스테(namaste)'는 '나무'와 같은 어원으로 'namas(나는 진심으로 따릅니다)+te(당신)'에서 유래했다. namo, namah, namas의 어원은 인도유럽조어에

「죄악을 뒤쫓는 정의의 여신과 복수의 여신」(1808). 프랑스 화가 피에르 폴 프뤼동의 그림이다. 그리스 신화 속 복수의 여신 네메시스(Nemesis)가 범죄자를 바짝 쫓아가며 횃불로 비추고 있고 정의의 여신 테미스는 정의의 검을 꺼내려 하고 있다. 네메시스는 그리스어 nemein(합당한 것을 가늠하다)에서 유래했다.

서 '할당하다', '잡다', '바치다'라는 뜻의 nem으로 거슬러 올라간다.

❖ 숫자를 왜 넘버라고 할까?

number는 할당할 때 세는 '숫자'를 의미한다. numb은 추위 등으로 움켜쥐어진 듯이 감각이 '마비된', nimble은 움켜쥘 수 있으므로 '민첩한', nomad는 할당된 땅에서 방목하는 사람이 본뜻인 '유목민, 유랑자'이다. 그리스 신화에 등장하는 복수의 여신 '네메시스 (Nemesis)도 같은 어원으로, 신을 무시하는 인간의 오만함에 가차 없이 가혹한 벌을 내렸다고 전한다. 이는 그리스어 nemein(합당한 것을 가늠하다)에서 유래한 단어다.

⁜ 학문명의 어미에 붙는 nomy의 의미

economy(경제), astronomy(천문학), autonomy(자치권), gastronomy(미식학) 등의 어미 -nomy도 같은 어원으로, 할당한 '관리'나 '규칙'에서 유래했다. economy는 '집의 관리', astronomy는 '별의 규칙', autonomy는 '스스로 관리하는 것', gastronomy는 '위장을 관리하는 것'에서 나온 말이다.

'불(佛)'은 Buddha인데, 이 단어는 특정 개인 이름이 아니라 산스크리트어로 '깨달은 자'에서 유래한 것이다. '불교'는 Buddhism, '불교도'는 Buddhist가 된다. 불교의 창시자는 고타마 싯다르타(Gautama Siddhartha)로, 기원전 6세기에서 5세기 무렵 북인도에서 태어난 인물로 알려져 있다. 아버지가 석가족의 왕이었기 때문에 '석가모니'라고도 불리는데, 석가모니는 '석가족의 현자'라는 뜻이다. 성(姓)인 고타마(Gautama)는 '가장 위대한 소'라는 뜻이다. 인도유럽조어에서 '소'는 gwou(구우)인데, 소의 울음소리에서 유래한 것으로 추정되며, gwou에서 유래한 영어 단어가 cow(암소)와 bul(황소)이다.

CHAPTER 01

ROOTS 08

기독교 박해와
천국의 열쇠를 받은 '성 베드로'

　기독교는 황제 숭배를 명백히 부정하는 것이었기 때문에 로마 황제로부터 철저한 박해를 받게 된다.

　열두 사도의 첫 번째 제자 베드로는 예수 승천 후 로마에서 선교하던 중 5대 황제 네로에게 역십자형을 받았다. 베드로는 형을 받을 때 자신이 예수를 배신한 적이 있어 예수와 같은 상태로 십자가에 못 박힐 자격이 없다며 스스로 십자가에 거꾸로 매달리기를 희망했다고 한다.

　베드로의 본명은 시몬이다. 갈릴리의 어부였던 그는 어느 날 호수에서 동생 안드레와 함께 고기를 잡고 있을 때 예수가 다가와 "나를 따라오라. 내가 너희를 사람 낚는 어부가 되게 하리라."(마태복음 4장 19절)는 말을 듣고 예수를 따랐다. 또한 예수에게서 "너는 베드로다. 나는 이 반석 위에 내 교회를 세우리라."(마태복음 16장 13~20절) 하는 말과 함께 '천국의 열쇠'를 받게 된다.

산탄젤로 성에서 바라본 산피에트로 대성당. 산피에트로는 로마 가톨릭교회의 초대 교황인 성 베드로를 의미한다.

✤ 성 베드로에서 유래한 이름

'베드로'는 그리스어로 '돌' 또는 '바위'라는 뜻인데, 베드로가 처형당한 후 묻힌 무덤 위에는 '산피에트로 대성당'이 세워져 있다. 산피에트로는 성 베드로를 의미하며, 예수로부터 천국의 열쇠를 받은 인물로 로마 가톨릭교회의 초대 교황으로 여겨지고 있다. 지금도 성당 앞에는 오른손에 열쇠를 든 베드로의 동상이 서 있다.

'페트로(Petro)'는 개신교에서는 베드로라고 부르지만, 이탈리아어로는 '피에트로(Pietro)', 영어로는 '피터(Peter)', 독일어로는 '페터(Peter)', 프랑스어로는 '피에르(Pierre)', 스페인어와 포르투갈어로는 '페드로(Pedro)', 러시아어로는 '표트르(Pyotr)' 등 나라마다 부르는 호칭이 다르다.

✤ 오일(oil)은 '올리브(olive) 기름'이 어원이다

참고로 요르단의 세계문화유산인 '페트라 유적'은 '바위의 유적'이라는 뜻이다. petrol은 'petra(돌)+oil(기름)'에서 '석유'가 되고, oil(기름)은 '올리브(olive) 기름'이 어원이다.

CHAPTER 01

ROOTS 09

폭군 네로, 사실은 명군이었다

64년 7월에 로마에 큰 화재가 발생했다. 당시 로마는 인구가 급증해 100만 도시가 되었다. 땅이 좁아 4층, 5층짜리 다세대 주택이 밀집해 있었다. 건물의 천장, 바닥, 대들보 등은 목조였고, 도로 폭이 좁아 불이 번지는 것을 막지 못해 완전히 진압하는 데 7일이 걸렸다고 한다.

화재가 발생했을 때 고향 안티움에 있던 네로는 소식을 듣고 즉시 로마로 돌아와 황제답게 훌륭하게 대응했다. 그런데도 네로가 높은 곳에서 큰 불길을 내려다보며 리라를 연주하며 노래를 불렀다는 소문이 돌았다고 한다.

게다가 신도시를 건설하려고 네로 자신이 직접 로마에 불을 질렀다는 소문까지 퍼지게 된다. 네로는 이를 부정하기 위해 화재의 원인이 기독교인들의 방화라며 그들에게 박해를 가했다.

로마 대화재 이전에도 네로는 어머니 아그리피나와 측근인 세네카, 전처인 옥타비아를 죽음으로 몰아넣었는데, 이 사실이 훗날 타키투스 등 저명한 역사가들에 의해 퍼져나가면서 '폭군' 네로의 이미지가 고착화되었다.

❖ 티라노사우루스의 티라노는 폭군(tyrant)에서 유래했다

'폭군'의 영어 tyrant(타이런트)는 그리스어 tyrannos에서 라틴어 tyrannus를 거쳐 13세기에 영어로 차용된 단어이며, tyranny(타이러니)는 '압제, 폭압적 행위', tyrannical은 '폭군의, 압제적인', tyrannosaurus는 '난폭한 용'으로 번역되는 '티라노사우루스'가 된다. 공룡 이름의 어미인 -saurus(사우루스)는 '도마뱀'을 의미하며, '공룡'을 뜻하는 dinosaur(다이노소어)는 '무서운 도마뱀'이 어원이다.

그러나 최근 연구에 따르면, 네로의 폭군 이미지는 네로와 대립하던 원로원 의원들의 음모에 의한 것이라는 설이 유력하게 제기되고 있다. 그 자신이 원로원 의원이었던 타키투스는 원로원 입장에서 역사서를 썼던 것으로 보인다. 네로는 도시를 재건할 때도 원로원 의원들의 토지를 몰수해 공공시설 등을 세우면서 반감을 크게 샀다.

네로는 서민을 우대하는 개혁을 실시해 널리 사랑받았으며, 사재를 털어 도시 재건에 힘썼다. 도로 폭을 넓히고, 건물 높이를 제한하고, 콘크리트로 건물을 짓는 등 화재에 강한 도시로 재건했다.

로마 대화재 15년 후인 79년, 베수비오 화산이 폭발하면서 인구 1만 명의 도시 폼페이가 순식간에 화산재에 묻히게 된다. 폼페이 발굴조사는 18세기부터 시작되어 현재까지 계속되고 있는데, 출토된 석고 벽에는 네로에 관한 낙서가 많이 발견되어 그가 얼마나 대중에게 인기가 높았는지 알 수 있다. 두 번째 부인 포파이아는 폼페이 출신으로, 네로는 이곳을 여러 번 방문했다고 한다.

이렇듯 네로는 서민들에게는 명군이었지만, 한 가지 단점을 꼽자면 그에게는 사치의 극치를 보여주는 거처인 '도무스 아우레아(Domus Aurea, 황금 궁전)'가 있었다. 대지 면적은 0.5제곱킬로미터 또는 1.5제곱킬로미터로 알려져 있다.

❖ 콜로세움(colosseum)은 네로의 거대한 동상에서 유래했다

현재 콜로세움이 있는 자리에는 한때 인공 연못이 있었고, 그 옆에는 황금빛으로 빛나는 30미터 높이의 네로 동상이 서 있었다. 실물보다 훨씬 큰 동상은 라틴어로 '콜로수스(colossus)'라고 불렸는데, 이 동상 근처에 세워진 원형 경기장이 Colosseum(콜로세움)이다. colossus는 프랑스어를 거쳐 18세기에 colossal(거대한)이라는 뜻으로 영어에 들어왔다.

❖ 그로테스크의 기원은 동굴 벽화에 그려진 문양

네로가 죽은 후 104년에 궁전은 화재를 당했고, 이후 그 터에 공공 건축물이 들어서면서 네로의 황금 궁전은 흙 속에 묻혀 오랫동안 사람들의 기억 속에 잊혀 있었다. 이후 르네상스 시대에 그 지하에 묻혀 있던 동굴 같은 유적이 발견되었고, 고대 로마의 독특한 스타일로 그려진 벽화는 많은 유명 화가를 매료시켰다.

그런 그림은 이탈리아어 grotta(동굴)에서 유래해 그로테스크 무늬

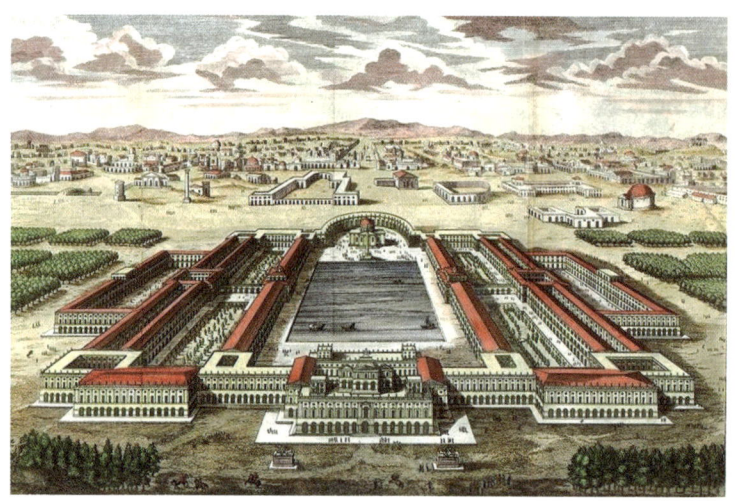

네로의 황금 궁전 조감도(1650). 17세기 건축가인 토마스 풀러의 작품이다. 도무스 아우레아(Domus Aurea, 황금 궁전)에서 domus는 '집'을 뜻하는 라틴어다.

라고 불리게 되었다. '기괴한, 터무니없는'이라는 뜻의 grotesque(그로테스크)가 영어로 들어온 것은 16세기에 이르러서다.

✤ dom(집)과 관련한 단어

도무스 아우레아(Domus Aurea, 황금 궁전)의 domus는 '집'을 뜻하는 라틴어다. 이탈리아 밀라노나 피렌체의 두오모(duomo)는 '성당'으로 번역되지만 라틴어 '신의 집'이 본래 뜻이며, 돔은 '둥근 지붕', '돔구장', '콘도미니엄' 등 다양한 의미로 쓰인다.

돔은 '둥근 지붕'이나 '돔구장', condominium(콘도미니엄)은 집이 모여 있는 건물에서 비롯되어 '아파트', domestic(도메스틱)은 '집'에서 비롯되어 '가정의, 국내의', domesticate는 집 안에 들여 가축화하는 것에서 '길들이다', dominate는 집주인 = 영주로서 '지배하다'가 된다.

✣ 고대 로마 금화는 금의 원소 기호인 Au나 오리올과 어원이 같다

'도무스 아우레아(Domus Aurea)'에서 aurea(황금의)의 명사는 aurum (황금)으로 '금'의 원소 기호인 Au의 기원이 되는데, 로마 시대의 금화는 '아우레우스(aureus)'라고 불렸다. 포로 로마노(Foro Romano, 로마 시민의 광장)는 현재 고대 로마의 유적이 있는 관광지로서, 이곳의 농경신 사투르누스 신전 앞에는 '황금 이정표'라는 뜻의 '밀리아리움 아우레움(Miliarium Aureum)'이 있다. 초대 황제 아우구스투스가 세운 이정표인데, '모든 길은 로마로 통한다(All roads lead to Rome)'라는 격언처럼 이곳이 모든 로마 가도의 기점이 되었다.

aureole(오리올) 또한 라틴어 aurum에서 유래한 단어로 성상이 발하는 '후광'이나 '광륜'을 뜻한다. 참고로 '그는 오라가 있다'는 "He has an aura."라고 하는데, aura(오라, 분위기)는 '시원한 산들바람'이라는 뜻의 또 다른 어원에서 비롯되었다.

✣ 마일, 밀리언, 밀리어네어의 관계

오늘날 밀리아리움 아우레움은 기단 부분만 남아 있지만, 예전에는 이곳에 로마 제국 영토 내 모든 주요 도시까지의 거리가 새겨져 있었다. 그리고 이곳을 기점으로 1마일마다 '마일스톤(milestone)'이 놓여 있었다. mile(마일)의 어원은 같은 단어인 라틴어로 1,000을 의미하며, 좌우로 한 걸음씩 1,000걸음을 나아간 거리를 나타내는 단위였다. 현재는 약 1.6킬로미터이지만, 당시 로마에서는 약 1.5킬로미터였다. million(밀리언)은 1,000보다 한 단위 위인 1,000,000이

로마 시대의 금화인 아우레우스(aureus).

되어(영어권에서는 숫자 단위가 1,000의 배수로 증가한다-옮긴이) '100만'이 되고, millionaire(밀리어네어)는 100만 달러 또는 100만 파운드를 가진 '큰 부자'나 '백만장자'가 된다.

지하에 숨어 신앙을 이어간 기독교인들의 이야기로 돌아가 보자. 디오클레티아누스 황제의 기독교 박해는 최후이자 최대의 박해로 알려져 있는데, 그는 자신을 로마 신화의 주신 유피테르에 비유하며 기독교인들에게 황제를 신으로 숭배할 것을 강요했다. 그 명령에 불복하는 기독교인들은 콜로세움으로 끌려가 사자 밥으로 공개 처형당했다.

이러한 박해에도 불구하고 그들은 '카타콤베'라고 불리는 지하 묘지에 피난처와 예배처를 만들어 몸을 숨기며 기독교를 믿었다.

'카타콤베'는 영어로는 catacomb(카타콤)으로, 라틴어 'cata(~의 사이에)+tumbas(무덤)'에서 유래했다. 라틴어 tumba는 영어로 tomb(무덤)으로 변했고, '부풀어 오르다'라는 뜻의 인도유럽조어 teue로 거슬러 올라갈 수 있다.

신체 부위 중 부풀어 오른 부분으로 '허벅지'인 thigh(사이), '엄지손가락'인 thumbs(섬스), '종양'인 tumor(튜머)도 같은 어원이다. 라틴어에서 유래한 tuber(튜버)는 영어에서도 감자 같은 '덩이줄기'라는 의미가 되는데, '송로버섯'을 가리키는 truffle(트러플)은 이탈리아어에서 유래한 단어이다. tubercle(튜버클)은 '작은 혹, 결절'이고, 폐에 염증이 생기는 결핵은 tuberculosis(튜버큘로시스)가 된다.

✣ grave와 tomb(무덤)의 차이점

참고로, 시신을 묻기 위해 땅에 '파놓은 구덩이'가 본래 뜻인 grave(무덤)에 비해 tomb은 시신이 묻힌 구덩이 위나 아래에 있는 '묘비'나 '묘표'를 의미하며, 일반적으로 '성묘를 한다'면 visit the grave로 표현한다. 역사적으로 위대한 인물의 무덤을 견학한다면 visit the tomb이 된다.

CHAPTER 01

ROOTS 10

밸런타인데이의 기원과
6월의 신부

　가톨릭 사제였던 발렌티누스(Valentinus)도 3세기 후반 로마 황제의 박해로 순교했다. 그의 순교 이유에 대해서는 여러 설이 있지만, 다음과 같은 설이 가장 일반적이다.

　당시 로마 황제 클라우디우스 2세는 병사들의 사기가 떨어질 것을 우려해 병사들의 결혼을 금지했는데, 발렌티누스 사제는 황제의 명령을 어기고 연인들의 결혼식을 몰래 주례하다가 처형당했다는 설이다.

　이후 그는 연인들의 수호성인으로 숭배되었고, 그가 순교한 2월 14일은 발렌티누스의 날로 삼게 되었다. 이것이 오늘날 전 세계에서 기념하는 밸런타인데이(Valentine Day)의 기원으로 알려져 있다.

　일본에서는 1970년대에 들어 여성이 남성에게 초콜릿을 선물하는 것이 관습이 되었지만, 전 세계적으로 남성이 여성에게 선물을 주는 나라도 많다. 또한 미혼 남녀가 마음에 드는 상대에게 마음을 고백

19세기 일러스트레이터 리처드 도일이 그린 삽화. 남성이 젊은 여성에게 카드를 건네고 있다.

하는 관습은 14세기에 프랑스와 영국 궁정에서 시작되었다는 설이 유력하다.

그날 특별한 카드나 편지를 주는 관습은 19세기 초 영국에서 유행했다는 기록도 남아 있으며, 일러스트레이터 리처드 도일(Richard Doyle)의 삽화에는 남성이 젊은 여성에게 카드를 건네는 장면이 그려져 있다. 영국에서 이 관습은 이후 잠시 사라졌다가 1920년대부터 다시 유행하기 시작해 오늘날까지 이어져 내려오고 있는 것으로 보인다.

진위 여부는 확실하지 않지만, 밸런타인데이의 기원은 3세기 무렵 고대 로마에서 행해지던 '루페르칼리아(Lupercalia) 축제'에서 유래했다는 설도 있는데, 2월 14일은 로마 신화에 나오는 유피테르의 아내이자 결혼과 가정의 번영을 관장하는 여신 유노의 축일이며, 그다음 날이 루페르칼리아 축제였다고 한다.

이 축제는 로마 팔라티노 언덕 기슭에 있는 동굴에 살았다고 전해지는 양치기(목양)의 신 루페르쿠스를 기리는 축제였다. 루페르쿠스의 이름은 라틴어로 '늑대'에서 따온 것인데, 눈치 빠른 사람은 알아차렸을 것이다.

루페르쿠스는 로마를 건국한 쌍둥이 형제 로물루스와 레무스를 키운 암늑대와 양치기를 가리키는 이름이다. 이 축제는 전날 여성이 자신의 이름을 적은 종이를 통 안에 넣어두면 다음 날 남성이 제비를 뽑아 종이에 적힌 이름의 여성과 함께 지낼 수 있는 축제였다. 실제로 이를 통해 맺어진 커플도 많았다고 한다.

고대 로마 시대에는 남녀를 따로 키우는 것이 일반적이었고, 젊은 남녀가 만날 기회가 적었기 때문에 이날은 그들에게 절호의 기회였다고 한다. 이 축제는 기독교가 국교화된 후에도 계속 이어졌지만, 5세기 무렵 로마 황제 겔라시우스 1세는 풍기문란을 우려해 금지시켰다. 이때 젊은이들의 반발을 무마하기 위해 발렌티누스 전설과 연결해 이날을 '사랑을 맹세하는 날'의 축일로 지정했다고 한다.

✥ '6월의 신부'는 왜 6월일까?

참고로 유피테르의 아내 유노(Juno)는 영어로 읽으면 '주노(Juno)'로, '6월(June)'의 근간이 되는 여신이다. '6월의 신부' 아이디어는 여기에서 비롯되었다. 유럽의 농촌에서는 흔히 농번기가 끝나는 6월부터 결혼을 허용했고, 그즈음은 비가 적게 내려 결혼식을 올리기에 최적이었다. 6월이 장마철인 우리나라에서는 6월 신부의 관습이 맞지 않을 것이다.

Juno(유노)의 어원은 young(젊은)과 같다. young의 명사형은 youth(청소년기, 청년), 형용사형은 youthful(젊은이다운), junior는 형용사로 '어린, 하급의', 명사로 '어린 사람, 아들(2세)', juvenile은 '미성년자의(청소년의)', rejuvenate는 '젊어지게 하다'가 된다.

이탈리아 토리노를 연고로 하는 축구 클럽 유벤투스 FC의 '유벤투스(Juventus)'는 로마 신화에서 '젊음'의 여신이다.

CHAPTER 01

ROOTS **11**

박해받던 기독교, **로마의 국교**가 되다

처음에 기독교는 하층민들 사이에 퍼졌지만, 나중에는 로마 시민들과 부유층에서도 신자가 나타나기 시작했다.

313년 콘스탄티누스 황제의 밀라노 칙령에 의해 기독교가 공인되었지만, 당시에는 기독교의 교리와 해석도 명확하지 않았다.

테오도시우스 황제는 380년 기독교를 국교로 정하고 '삼위일체(Trinity)'를 주장하는 아타나시우스파를 기독교의 정통으로 확립시켰으나, 이 시점에도 우상숭배와 미트라교 신앙은 여전히 행해지고 있었다. 그래서 392년에 이르러 아타나시우스파의 기독교 이외에 모든 종교를 금지함으로써 국교화하게 된다.

『신약성서』「사도행전」 1장에는 예수가 십자가에 처형된 28년 무렵 초기 기독교인은 120명이라고 기록되어 있다. 미국의 종교사회학자인 로드니 스타크(Rodney Stark)는 이 수치를 바탕으로 『기독교의 발흥(The Rise of Christianity)』이라는 책에서 서기 40년의 기독교 인구를 1,000명으로 추정하고, 250년 시점에서 117만 1,356명, 300년에

기독교에서 성부와 성자와 성령이 본질적으로 하나라는 삼위일체(trinity)는 라틴어로 '3배'라는 뜻의 trinus에서 유래했다.

629만 9,832명, 350년이 지나면 3,388만 2,508명이 된다고 보았다.

로마 제국의 총인구가 6,000만 명이었다고 가정하면 250년에는 총인구의 1.9퍼센트, 300년에는 10.5퍼센트, 350년에는 56.5퍼센트가 되었을 것으로 추정된다. 이 추정 인구가 맞다면 테오도시우스 황제가 기독교를 국교화할 수밖에 없는 상황이었음을 알 수 있을 것이다.

❖ 삼위일체(Trinity)와 같은 계열의 3이 붙는 뜻밖의 단어

삼위일체란 성부 하나님, 성자 예수, 성령이 모두 하나님의 다른 모습이며 그것들은 본질적으로 하나라는 교리이다. Trinity는 라틴어로 '3배'라는 뜻의 trinus에서 유래했으며, 숫자 three(3), thirteen(13), thirty(30)와 같은 어원이다.

triangle(삼각형), tricycle(세발자전거), tripod(삼각대), tertiary(터시어리=세 번째, 3차), testament(증명, 유언장) 등이 같은 계열의 단어다.

『구약성서』는 영어로 the Old Testament, 『신약성서』는 the New Testament라고 하는데, testament(테스터먼트)는 '증인인 제3자'가 본래 뜻으로, '제3자가 입증한 것'에서 나온 단어다.

✤ 크리스마스의 기원

참고로 현재 세계 여러 나라에서 12월 25일을 예수 탄생일로 기념하고 있지만, 이날은 예수가 태어난 날이 아니라 예수의 탄생을 축하하는 날이다.

왜 이날이 선택되었는지에 대해서는 여러 설이 있지만, 태양의 부활을 기원하는 미트라 축제의 날에 맞춘 것이라는 설이 유력하다. 시오노 나나미(塩野七生)의 『로마인 이야기』에서 콘스탄티누스 황제 재위 당시 기독교인은 인구의 5퍼센트였다고 하듯이, 당시 기독교는 대다수 시민들에게는 생소한 신흥종교와 같은 존재였다. 아마도 그런 사람들의 반발을 피하기 위해 크리스마스를 미트라 축제로 착각하게 하려는 의도도 있었을 것이다.

CHAPTER 01

ROOTS **12**

로마 **제국의 분열**, 그리고 **서로마 제국**의 운명

　이후 395년, 로마 제국은 동서로 분열되어 로마를 중심으로 한 서로마 제국과 콘스탄티노플(현재의 **튀르키예 이스탄불**)을 중심으로 한 동로마 제국이 된다.

　서로마 제국은 게르만인의 대이동 폭풍 속에서 476년에 멸망한다. 멸망했다고 해서 서로마 제국이 게르만인의 왕국에 멸망한 것은 아니다. 서로마 제국에 고용되었던 게르만 용병대장 오도아케르에 의해 황제가 폐위되면서 멸망한 것이다.

　게르만인의 이동은 서서히 진행되고 있었지만, 이 무렵의 서로마 제국 영토 내에서는 로마인과 게르만인이 공존하고 있었고, 게르만인의 힘을 빌려야 할 정도로 서로마 제국은 약화되어 있었다. 실제로는 제국 내 권력 다툼의 결과로 서로마 제국이 멸망한 것이다.

　서로마 제국의 멸망은 형식적인 것으로, 이후에도 오도아케르는 이탈리아 왕을 자처하며 서로마 총독의 지위를 유지하다가 493년 동로마 제국이 파견한 동고트족의 테오도리쿠스(**Theodoric**)에 의해 멸망하게 된다.

서로마 제국 멸망 후 서유럽의 주역이 된 게르만인들은 수준 높은 로마 문화를 계승하지 못하고 동로마 제국이나 이슬람 세계 등 동쪽 문화권에 크게 뒤처져 있었다.

한편, 정치적 후견인 역할을 잃은 로마 교황 그레고리우스 1세(재위 590~604)는 동로마 제국의 비호 아래 로마 교황이 모든 주교 중 최고위라는 '수위권'을 주장하며 게르만인들에게 기독교를 전파한다. 그러나 까막눈이었던 게르만인들에게 선교할 때 로마 교회가 성상을 이용한 것이 큰 문제가 된다. 당시 초기 기독교에서는 성상 숭배가 금지되어 있었는데, 이것이 동로마 제국 황제 레오 3세의 분노를 사게 된다.

당시 동로마 제국은 이슬람 세력의 압박을 받고 있는 상황이었다. 이슬람교에서도 성상은 엄격하게 금지되어 있었다. 이 때문에 동로마는 성상 숭배를 이유로 이슬람의 공격을 받을까 봐 두려웠다. 이에 레오 3세는 726년 성상 금지령(아이코노클래즘iconoclasm)을 내리게 되는데, 이를 계기로 동서 교회는 점차 대립이 심화되어 1054년에는 완전히 분리된다. 이후 동로마 교회는 동방 교회 또는 그리스 정교회로 독자적인 발전을 이루게 된다.

CHAPTER 01

ROOTS 13

로마 제국의 **분열**, 그리고 동로마 제국 **천년의 영광**

　동서 분열 후 수도를 콘스탄티노플에 둔 동로마 제국은 유스티니아누스 대제가 통치한 6세기에 게르만족이 세운 국가를 멸망시키며 전성기를 맞이한다.

　한때 지중해 세계 전역을 지배하기도 했지만 서지중해가 다시 게르만족의 지배를 받게 되면서 동로마 제국의 영토는 그리스와 소아시아의 동지중해 지역에 국한된다. 소아시아는 아나톨리아라고도 하는데, 오늘날 튀르키예에 해당하며 북쪽으로는 흑해, 서쪽으로는 에게해, 남쪽으로는 지중해에 둘러싸인 서아시아 서쪽 끝의 반도다.

　7세기 무렵부터는 그리스화가 진행되어 로마·그리스·동방의 문화가 융합된 비잔틴 양식의 문화가 꽃을 피워 비잔틴 제국이라 불리게 되었다. 7세기 이후 비잔틴 제국은 끊임없이 이슬람 세력의 침입 위협을 받았고, 쿠데타로 왕조가 여러 번 바뀌었다. 그래도 1453년 오스만 제국에 의해 멸망할 때까지 천년 이상 존속했다.

　참고로 비잔틴이라는 명칭은 콘스탄티노플의 옛 이름인 그리스어

395년 테오도시우스 1세가 사망한 이후 로마 제국은 둘로 쪼개졌다. 왼쪽이 서로마 제국이고 (노란색 부분), 오른쪽이 동로마 제국(비잔틴 제국)이다(빨간색 부분).

뷔잔티온 Βυζάντιον에서 유래했다.

일반적으로 유럽에서 중세는 서로마 제국이 멸망한 5세기부터 비잔틴 제국이 멸망한 15세기 무렵까지를 말하는데, 이 기간에 로마 가톨릭교회는 로마 교황을 정점으로 하는 계층적 조직을 기반으로 국가를 초월한 절대적인 존재가 되었다.

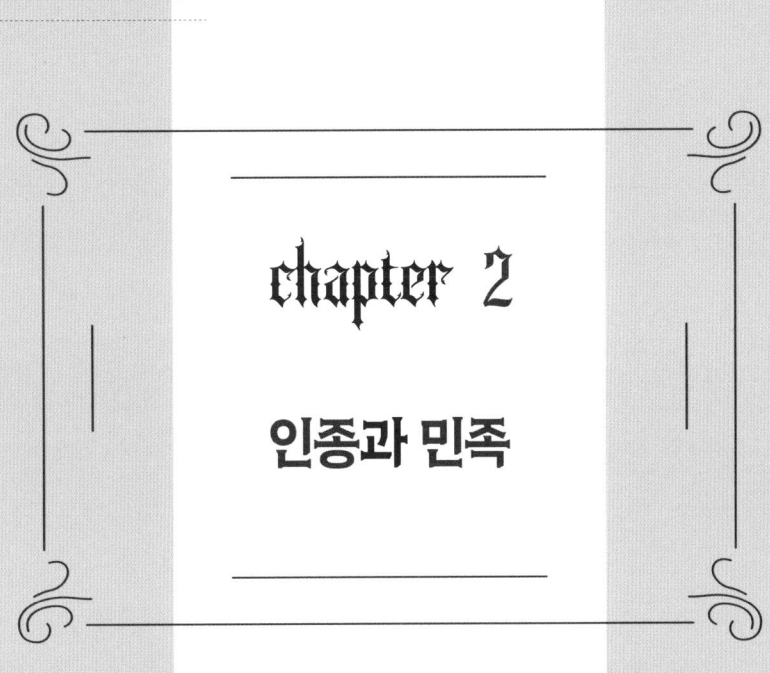

chapter 2
인종과 민족

CHAPTER 02

ROOTS 01

백인종과
'눈처럼 하얀' 코카서스산맥

코카서스산맥(the Caucasus Mountains, 캅카스산맥)은 흑해와 카스피해 사이, 유럽과 아시아의 경계가 되는 지역에 우뚝 솟아 있다.

'코카서스'는 그리스어 kaukasis(카우카시스)에서 유래한 명칭으로, 고대 로마의 학자인 대 플리니우스가 저술한 『박물지(Naturalis Historia)』에 따르면 스키타이어로 '얼음처럼 빛나는', '눈처럼 하얀'을 뜻하는 kroy-khasis(크로이카시스)가 그 어원이라고 한다.

'백인종'을 영어로 '코카소이드(Caucasoid)'라고 하는데, 이 단어는 독일의 인류학자 블루멘바흐(Johann Friedrich Blumenbach, 1752~1840)가 만들었으며 'Caucasus(코카서스)+oid(~ 같은)'가 어원이다.

'백인종'을 뜻하는 단어에 왜 유럽의 변방에 위치한 코카서스라는 지역 이름이 선택된 것일까? 그 답은 『구약성서』의 「창세기」에 있다.

이른바 '노아의 홍수' 이야기에서 노아의 방주가 표류했다고 전해지는 산은 아라라트산(해발 5,137미터)이다. 이 산은 코카서스산맥의 남쪽에 있으며, 이 지역이 하나님이 유일하게 선택하신 노아 일족과 그 후손들의 영광을 상징하는 장소이기 때문이다. '코카서스'라는 단어에는 이처럼 유대교와 기독교에 편향된 세계관이 담겨 있다.

✤ oid(~와 같은)가 붙는 영단어

일반적으로 현재 세계의 인종은 코카소이드(Caucasoid), 몽골로이드(Mongoloid), 니그로이드(Negroid) 등으로 구분되는 경우가 많은데, oid는 '~와 같은'이라는 뜻을 가진 접미사로 Mongoloid는 '몽골인 같은', Negroid는 '흑인 같은'이라는 뜻이다.

'안드로이드(Android)'는 스마트폰용으로 개발된 구글의 운영 체계이다. 그리스어로 '인간(남성)과 같은 것'이 어원이며, 소문자로 쓴 안드로이드(android)는 '인간의 모습을 한 로봇'이라는 뜻이다.

'별'인 star와 '별표'인 asterisk(애스터리스크)는 같은 계열의 단어이며, asteroid(애스터로이드)라면 '별을 닮은 것'에서 '소행성'이 된다.

disaster(재난, 재앙)는 지구가 행운의 별에서 멀어지면 재앙이 일어난다는 중세 점성술에서 유래한 단어다.

✤ weid(보다)의 의미를 가진 영단어

접미사 -oid는 그리스어 eidos(모양), idein(보다), eidenai(알다)가 그 어근인데, 요컨대 '모양을 보고 알다'를 나타내는 어근이며, '보다, 보인다'라는 뜻을 지닌 인도유럽조어 weid로 거슬러 올라간다.

wise(현명한), wisdom(지혜, 분별력), wit(기지, 재치), witty(재치 있는), witness(목격자, 목격하다) 등은 게르만어를 통해 영어에 차용된 단어들이다. weid는 라틴어에서 videre(보다)로 변하는데, 거의 원형을 유지하고 있는 영어 단어가 video(비디오)다. provide는 '미리 보다'가 본래 뜻으로, 미래를 내다보고 '공급하다'가 된다.

형태는 다소 다르지만 view(견해, 의견), interview(인터뷰), review(검토, 비평), preview(시사회), vision(시력, 시야), visible(눈에 보이는), invisible(눈에 보이지 않는), visit[방문(하다), 구경(하다)] 등도 같은 어원이다.

그 밖에 '멀리 있는 것을 보는 것'에서 television(텔레비전), '내가 본 바로는'에서 advise(충고하다), advice(충고), '다시 보다'에서 revise(수정하다), revision(수정, 개정판), '위에서 보다'에서 supervise(감독하다), '미리(pro) 보지 않다'에서 improvise(즉흥적으로 하다)가 되는데, 이것들도 잘 기억해두자.

❖ 역사의 어원은 'his+story'가 아니다

'역사'를 뜻하는 '히스토리(history)'의 어원은 'his(그의)+story(이야기)'라고 생각하는 사람이 많지만, 이는 잘못된 것이다.

history(역사)는 그리스어 historia(조사해 아는 것)가 라틴어를 거쳐 14세기 후반에 영어로 차용된 것이다. story는 라틴어 historia가 고대 프랑스어 estorie로 변화해 '과거의 위인이나 과거에 일어난 중요한 사건의 이야기'라는 의미로 12세기에 영어로 차용되었다.

즉, history(역사)도 story(이야기)도 어원은 모두 weid(보다)인 것이다.

과거에 경험한 적이 없는데도 마치 경험한 것 같은 느낌을 '데자뷔'라고 하는데, 이 외래어는 프랑스어로 '이미 본'이라는 뜻의 déjà vu에서 유래한 것이다.

CHAPTER 02

ROOTS **02**

유럽의 민족과
숫자 3은 무슨 관계가 있을까?

❖ **종족(tribe)은 3개의(tri) 부족으로 구성된 로마인이 어원**

tribe는 '종족'을 뜻하는 영어인데, 이 단어는 라틴어로 'tri(3개의)+bus(존재)'를 뜻하는 tribus가 어원이며, 고대 로마 시민이 라틴인, 사비니인, 에트루리아인의 3개 부족으로 구성된 데서 유래했다는 설이 있다.

로마 시민들은 외적으로부터 자신을 지켜주는 대가로 국가에 직접세인 트리뷰텀(tributum)을 낼 의무가 있었다. tributum은 '지불', '할당'이라는 뜻으로, 영어의 tribute(헌사, 공물), tribune(호민관) 등의 어원이 되었다. distribute(분배하다), contribute(기여하다), attribute(~의 덕분으로 보다) 등도 같은 어원의 단어다.

유럽에는 다양한 민족이 있지만 일반적으로 게르만계, 라틴계, 슬라브계로 나눌 수 있다.

게르만계 민족은 유럽 중부에서 북서부, 라틴계 민족은 지중해 지방을 중심으로 한 남부, 슬라브계 민족은 동유럽 국가를 포함한 동부에 많이 분포되어 있다.

　유럽의 역사를 공부할 때 빼놓을 수 없는 사건이 '게르만족의 대이동'인데, 그들이 어떤 경로를 따라 이동했는지 아는 것이 중요하다. 그 키워드가 되는 것이 라인강과 다뉴브강이다.

CHAPTER 02

ROOTS 03

유럽을 흐르는 '아름답고 푸른'
라인강과 다뉴브강

　라인강은 스위스 알프스에서 발원해 독일과 프랑스 등 중부 유럽을 북쪽으로 흐르다가 네덜란드에서 여러 지류로 갈라져 북해로 흘러 들어간다. 필자는 처음 독일을 방문했을 때 라인강 크루즈 관광을 한 적이 있다. 강변의 고성과 포도밭 풍경을 감상하며 갑판에서 마신 맥주의 맛은 각별했다.

　도중에 하이네의 시로 유명한 로렐라이(Lorelei) 바위도 볼 수 있었다. 바위산에 서 있는 소녀(정령)의 아름다운 노랫소리에 선원들이 매료되어 배와 함께 소용돌이 속으로 빨려 들어갔다는 전설이 있는 관광지다.

　독일 음악가 질허가 작곡한 「로렐라이」(1837) 2절 가사를 보면 전설의 내용을 짐작할 수 있다.

　　옛날부터 전해오는 쓸쓸한 이 말이
　　가슴속에 그립게도 끝없이 떠오른다

구름 걷힌 하늘 아래 고요한 라인강
저녁 빛이 찬란하다 로렐라이 언덕

저편 언덕 바위 위에 어여쁜 그 색시
황금빛이 빛나는 옷 보기에도 황홀해
고운 머리 빗으면서 부르는 그 노래
마음 끄는 이상한 힘 노래에 흐른다 (후략)

'로렐라이 바위'를 낀 지점은 강폭이 가장 좁고 유속이 빨라지는 급커브가 있어 배가 자주 침몰되는 곳이기도 했다.

로렐라이(Lorelei)는 중세 독일어 lüen(뤼엔=매복하다)과 현지 라인강 지역 방언인 lei(라이=바위)가 어원으로 추정된다.

❖ run에 '흐르다'라는 뜻이 있는 것은 라인강과 관계가 있다

'라인(Rhine)'은 게일어로 '흐르는 것'이라는 뜻의 Reinos가 어원이며, 인도유럽조어의 rei(흐르는)로 거슬러 올라가 run(달리다, 흐르다), rival(라이벌), derive(유래하다, 끌어내다) 등이 같은 어원을 지녔다.

본래 rival(라이벌)은 '같은 강물을 이용하는 사람', river(강)는 '강둑'을 의미한다. arrive(어라이브)는 '강둑 쪽으로'가 변화해 '도착하다'의 뜻이 된 것이다.

라틴어 계열인 포르투갈어로 '강'을 뜻하는 리우(Rio)도 같은 어원이다.

브라질의 리우데자네이루(Rio de Janeiro)는 줄여서 '리우(Rio)'라고 불리는 항구도시로 '리우의 카니발'이 유명하다.

대항해 시대인 1502년 1월 1일, 이 땅에 처음 도착한 포르투갈 탐험대가 구아나바라만을 '강'으로 착각하고 '1월의 강'이라는 뜻으로 '리우 데 자네이루(Rio de Janeiro)'라고 한 데서 도시 이름이 유래한다. 영어로 표현하면 River of January다.

다뉴브강의 발원지는 독일 남부의 슈바르츠발트(Schwarzwald, '검은 숲'이라는 뜻)에 있는 도나우에싱겐(Donaueschingen)이라는 작은 도시다 (도시 한복판에 있는 '도나우 샘'이 발원지로 알려져 있다-옮긴이).

동쪽으로 흘러 중부 유럽의 오스트리아, 동유럽의 헝가리 등 여러 나라를 거쳐 흑해로 흘러드는 국제적인 강이다. '검은 숲'에서 발원해 '검은 바다'로 흘러드는 것이 흥미롭다.

다뉴브강은 헝가리의 수도 부다페스트를 남북으로 관통한다. 부다페스트라는 이름은 강 서쪽 지역의 '부다'와 동쪽 지역의 '페스트'에서 유래했다. 유럽에서 매우 아름다운 도시 중 하나로 꼽히는데, 다뉴브 강변과 부다 지구는 1987년 세계문화유산으로 등재되었다.

1896년 개통된 지하철은 런던과 이스탄불에 이어 세계에서 세 번째로 오래된 지하철이며, 지금도 예전 모습을 고스란히 간직하고 있는 지하철 1호선은 2002년에 세계문화유산으로 추가 등재되었다.

지하철 1호선이 지나는 지상 안드라시 거리도 세계문화유산의 일부로, 네오 르네상스 양식의 궁전과 고급 저택 등이 늘어서 있어 산책을 즐기기에 그만이다.

거리 끝자락에 있는 영웅 광장도 관광 명소로 자리 잡고 있다. 광장 공원 내에는 세체니 온천이 있어 하루를 느긋하게 보내며 여행의 피로를 풀기에 좋다. 헝가리는 고대 로마 시대부터 온천으로 유명한

궁전 같은 세체니 온천과 노천탕.

곳으로, 현재도 유럽 최고의 온천 강국이다.

어떻게 봐도 온천이라고는 생각되지 않는 웅장한 궁전 같은 건물 외관은 보는 것만으로도 즐겁다. 부다페스트를 방문한다면 꼭 수영복을 준비하는 것이 좋다.

❖ 부다페스트의 부다(Buda)의 어원은 '물'이다

Budapest는 슬라브어 'Buda(물)+pest(화덕)'가 어원이라는 설이 유력하며, 이 지역이 태곳적부터 온천으로 유명했던 것과 관련이 있다고 추정된다.

다뉴브강은 현재 북쪽 라인강의 지류 중 하나인 마인강과 운하로 이어져 북해와도 연결된다.

영어 '다뉴브(Danube)'는 독일어 Donau(도나우)에서 유래한 이름이며, 헝가리에서는 두너(Duna)라고 부른다.

요한 슈트라우스 2세(1825~1899)가 작곡한 「아름답고 푸른 도나우강」(1867)은 아주 유명하다. 하지만 안타깝게도 현재 도나우강은 도시의 하수나 공장 폐수 등으로 수질이 오염되어 아름답지도, 푸르지도 않은 강이 되어버렸다.

Donau의 어원은 인도유럽조어에서 '강'을 뜻하는 danu로 거슬러 올라간다. 흑해 주변을 흐르는 강 이름인 드네프르강, 돈강, 도네츠강, 드네스트르강 등은 모두 어원이 같다.

CHAPTER 02

ROOTS 04

꿀술과 맥주, 고대 게르만인에서 유래한 것들

❖ 신혼여행(honey+moon)은 결혼 후 1개월간 꿀술을 마시는 풍습에서

　목축을 생업으로 삼은 게르만인들은 농사를 짓기도 했지만 기본적으로 육식 위주의 생활을 했다.
　그들이 마시는 술은 '미드(mead)'라고 불리는 꿀술이었다. 꿀은 물과 섞어두면 자연 발효되어 알코올이 된다. 이 꿀술은 농경이 시작되기 이전부터 있었던, 세계에서 가장 오래된 술이라고 한다.
　일설에 의하면 곰이 망가뜨린 벌집에 빗물이 고여 있는 것을 지나가던 사냥꾼이 우연히 발견해 마신 것이 시작이라고 한다.
　'신혼여행'을 뜻하는 허니문(honeymoon)이라는 단어는 고대 게르만인들이 결혼 후 30일 동안 꿀술을 마시는 풍습에서 유래했다.
　즉, 'honey(꿀)+moon(달)' = 밀월(蜜月)이 어원이다.
　갓 결혼한 부부는 한 달 동안 집에만 틀어박혀 꿀술을 마셔야 했다는데, 여기에는 두 사람의 사랑을 다지고 다산을 기원하는 의미가

있다고 한다.

중세 영국에서 허니문이라는 단어는 밤하늘의 달이 차고 기우는 것처럼 신혼부부의 애정과 다정다감한 기간도 금방 변한다는 경구로 쓰이다가 19세기에 들어서야 '신혼여행'의 의미로 쓰이게 되었다고 한다.

honeymoon은 특히 정치계에서는 말 그대로 처음의 친밀한 관계를 나타내는 '밀월 기간'이라는 의미로 사용되기도 하는데, "The honeymoon is over(밀월은 끝났다)."와 같이 금방 끝날 것임을 암시하는 표현으로 사용된다. 부정적인 뉘앙스의 표현이다.

❖ 신부의 일이 빵을 굽는 것에서 탄생한 신부(bride)와 빵(bread)

인도유럽어족에 속하는 국가들에서 고대에 신부가 하는 일은 빵을 굽는 것과 수프를 끓이는 것이었다.

'신부'의 bride, '빵'의 bread, '수프'의 broth는 모두 인도유럽조어인 bhreu(휘젓다, 보글보글 끓이다, 굽다)에서 유래한 단어이며, broil(그릴 직화로 굽다), brew(양조하다), breed(번식시키다), brood(알을 품다), braise(푹 삶다), bribe(뇌물) 등은 게르만어를 통해 영어에 들어온 단어들이다.

이 가운데 bribe는 구걸하는 사람에게 빵 조각을 주는 것이 본래 뜻으로, 나중에 관리에게 주는 '뇌물'의 의미로 변했다는 설도 있고, 빵을 잘게 찢는 행위인 break에서 유래했다는 흥미로운 설도 있다.

bride(신부)의 형용사는 bridal(신부의)인데, 이 단어는 'bride(신부)+ale(에일)'이 어원으로, 신부와 영국의 전통 맥주인 에일(ale)이 합쳐져 이루어진 조어다. '신랑'은 bridegroom이라고 한다.

신부(bride)와 빵(bread)은 인도유럽조어에서 유래한 단어다. 인도유럽어족에 속하는 국가들에서 고대에 신부가 하는 일은 빵을 굽고 수프를 끓이는 것이었다. 그림은 스웨덴 화가 구스타프 올로프 세레르스트룀의 「빵집에서」(1885)이다.

남편과 사별한 여성, 즉 '미망인'은 widow, 그 반대인 '홀아비'는 widower라고 한다. 이처럼 여성을 나타내는 명사에서 남성을 나타내는 명사가 생기는 경우는 드물다.

✣ groom(신랑)과 grooming(그루밍)의 의외의 관계

참고로 '신랑'의 bridegroom은 단순히 groom이라고도 한다. 영어에서의 '신랑 신부'는 우리말의 어순과는 반대로 bride and groom이 된다.

groom은 원래 '어린 소년'이라는 뜻으로 grow(성장하다)와 어원이 같은 것으로 보인다. 또한 groom은 19세기에 들어 '말을 돌보는 남자 하인'이라는 의미로 사용되기 시작했다. 그리고 곧 동사로서 '(말을) 빗질하다'나 '(동물의) 털을 손질하다'라는 의미로 쓰이게 되었다. 명사형은 grooming(그루밍)이 된다.

인도유럽조어인 bhreu는 라틴어에서 b가 f로 발음이 바뀌어 ferment(발효되다), fervent(열렬한, 불타는), fervor(열정), fervid(열렬한) 등의 영단어가 만들어지게 되었다.

❖ 술의 기원

꿀술을 뜻하는 미드(mead)라는 단어는 게르만조어인 meduz, 더 나아가 인도유럽조어에서 '꿀', '달콤한 음료'를 뜻하는 medhu로 거슬러 올라간다.

medhu의 어원은 게르만어권 국가뿐만 아니라 켈트어권, 슬라브어권, 그리스어, 리투아니아어, 산스크리트어, 힌디어 등에서도 볼 수 있는 것으로 보아 고대부터 여러 나라에서 애용되었음을 알 수 있다.

그리스 신화에 등장하는 신들은 불로장생의 술을 마셨기 때문에 영원히 죽지 않는다고 여겨졌으며, 고대 그리스인들은 벌꿀술을 넥타르(nectar)라고 부르며 즐겨 마셨다고 한다. 오늘날에도 발트 3국 중 하나인 리투아니아에서는 벌꿀술이 국가 유산으로 등록되어 있을 정도로 국민들에게 사랑받는 술이다.

참고로 영어에서 '꽃꿀'이나 '과일즙'의 뜻으로 쓰이는 '넥터(nectar)'는 'nec(죽음)+tar(넘다)'가 어원이며, tar는 인도유럽조어에서 '지나가다', '넘다'라는 뜻의 tere로 거슬러 올라간다.

시공을 초월해 현세에 나타난 신의 '화신'인 '아바타(avatar)'의 tar 도 tere가 어원이다. 또 tere는 접두사 trans(넘어가다, 건너가다)의 어원이 되어 transfer(옮기다), transform(변형시키다), transit(수송, 통과, 환승), transition(이행), translate(번역하다), transmit(전송하다), transport(수송하다), trance(최면 상태) 등 같은 계열의 단어가 있다.

형태는 다소 다르지만, through(~을 통해), thorough(완벽한) 외에 마음을 꿰뚫는 듯한 느낌에서 '스릴', '소름 끼치게 하다'의 thrill, thrilling 등도 같은 계열의 단어다.

❖ 맥주와 음료(beverage)의 뿌리는 같다

인구가 차츰 증가하면서 공급이 부족해지고 가격이 비싸져 일반 시민들은 축제 등 특별한 날 외에는 꿀술을 마실 수 없게 되었다.

그래서 꿀술을 대신해 게르만인들이 마시게 된 것이 바로 맥주였다. 게르만인들은 야생 소의 뿔로 만든 잔, 즉 '뿔잔(drinking horn)'으로 맥주를 마셨으며, 대주가로 유명했다. 한 번 취하면 로마의 중무장한 보병 부대도 두려워할 정도로 손댈 수 없는 상태가 되기 일쑤였다고 한다.

게르만인의 신체적 특징으로는 푸른 눈, 금발, 큰 키 등을 들 수 있다. 발굴된 인골과 샌들 등의 출토품을 통해 게르만인 남성의 평균 키는 170센티미터 정도였던 것으로 추정된다. 로마인들은 자신들보다 20센티미터 정도나 키가 큰 게르만인들이 날뛰는 모습을 보는 것만으로도 두려움에 떨었을 것이다.

로마인들에게 게르만인과 맥주는 정체불명의 존재였던 것 같다.

'맥주'는 영어로는 beer(비어), 독일어로는 Bier(비어)로 모두 게르만어에서 유래했는데, 라틴어로 '음료'의 biber나 '마시는'의 bibere에서 차용한 것으로 보인다.

물 이외의 '음료'인 beverage나 운동선수들이 식별을 위해 가슴이나 등에 붙이는 번호판인 '비브(bib)'도 같은 어원이다. 참고로 '비브'의 원래 뜻은 '아기 턱받이'이다.

❖ 키(stature)와 어원이 같은 영단어

출처에 따라 정보가 다르지만, '통계정보 리서치' 사이트(https://statresearch.jp) 정보에 따르면 남성 평균 키가 180센티미터 이상인 나라는 전 세계에 18개국인데, 도미니카공화국을 제외하고는 모두 유럽 국가이다.

이 가운데 게르만계 국가는 네덜란드가 183.8센티미터로 1위, 덴마크, 아이슬란드, 스웨덴, 노르웨이, 독일이 뒤를 잇고 있다.

'키'는 high(높은)의 명사형인 height로 표현하지만, 격식을 차리는 자리에서는 stature가 사용된다. 어원은 인도유럽조어에서 '서다', '세우다'를 뜻하는 sta로 거슬러 올라간다.

같은 어원의 단어로는 stand(서다), stay(머물다), stage(무대, 단계), station(역, 국局), status(지위), state(국가, 주州), rest(휴식), post(기둥, 지위, 포스트) 등이 있다.

그 밖에 distant(먼), constant(안정된), instant(즉각적인), assist(돕다), consist(구성하다), exist(존재하다), resist(저항하다) 등도 어원이 같다.

참고로 북유럽의 핀란드도 상위 18개국에 포함되는데, 그들의 조상은 현재 러시아 서부의 볼가강 유역에서 온 사람들로 핀란드어 역시 인도유럽어족과는 다른 우랄어족에 속하는 언어다.

❖ 하이볼(highball)의 유래

참고로 '가쿠하이(角ハイ)'라고 하면 산토리 위스키 사각병의 하이볼을 말하는데, '하이볼(highball)'은 왠지 일본식 영어처럼 느껴질 수 있다.

하지만 이것은 엄연한 미국식 영어로, 위스키나 버번 등 알코올 도수가 높은 술을 소다수로 희석한 음료를 말한다.

예전에 미국의 철도 선로 옆에는 ball signal(볼 시그널)이라는 신호등이 설치돼 있었다.

신호등 기둥에 달린 볼(구체)은 위아래로 올리거나 내릴 때 수동으로 조작하는데 위에 있을 때, 즉 highball signal 상태일 때는 열차가 속도를 늦추지 않고 통과할 수 있음을 알리는 신호였다.

하이볼 음료는 열차가 신호등을 통과할 때 식당차(dining car)에서 버번 위스키에 소다수를 타서 세로로 긴 유리잔(tall glass)에 담겨 손님에게 제공되었던 것에서 유래했다고 한다. 하이볼의 어원에 대해서는 여러 설이 있지만 필자가 조사한 바로는 이 설이 가장 유력하다고 확신한다.

산토리(Suntory)라는 회사명은 영어처럼 들리지만, 회사 홈페이지에 따르면 포트와인의 상표명인 '아카다마 포트와인'의 '아카다마(태양)=산(sun)'과 '창업자인 토리이(鳥井)'가 합쳐져 '산토리'가 되었다고 한다.

영어에서 어미 -ory(ary/ery)는 '장소'를 나타내는 명사를 만드는데, factory(공장), winery(포도주 양조장), bakery(빵집), library(도서관) 등은 우리에게 익숙한 단어다.

❖ 게르만인의 어원은 '시끄러운' 민족

'게르만인(Germanic peoples)'이라는 단어는 고대 로마의 장군 카이사르가 『갈리아 전기』에서 갈리아 북동부(현재 독일의 한 지역)의 게르마니아(Germania)에 사는 일부 부족을 가리켜 Germani(게르마니아인)라고 한 데에서 유래했다.

'갈리아(Gaul)'는 현재의 프랑스, 벨기에, 네덜란드, 스위스, 독일 일부에 이르는 지역에 대한 로마인들의 호칭으로, 유라시아 대륙에 거주하던 '켈트족(Celts)'과 동의어이다.

갈리아 남부는 기원전 2세기에 로마의 속주가 되었고, 갈리아 북부에 게르만족이 침입한 것을 계기로 카이사르의 갈리아 원정을 통해 기원전 1세기에 갈리아 전역이 로마의 속주가 되었다.

Germani의 어원은 라틴어나 게르만어가 아닌 켈트어로 '시끄러운'이나 '이웃'을 뜻하는 단어인데, 켈트어에서 파생된 고대 아일랜드어로 '소리 지르다(garim)'나 '이웃(gair)'과 같은 계열이다. 이를 통해 Germani(게르마니)는 자칭이 아닌 타칭이었음을 알 수 있다.

German(독일인, 독일의)이라는 영어는 처음에 '게르만인'을 나타내는 단어로 라틴어를 통해 영어에 차용되어 1520년대부터 '독일인'이라는 의미로 사용되기 시작했다.

그 이전에는 '독일인'을 나타내는 영어는 Almain(알메인)이나

Dutch(네덜란드)가 일반적이었다. Dutch가 '네덜란드인' 또는 '네덜란드의'라는 의미로 사용되기 시작한 것은 네덜란드 독립전쟁 이후인 17세기 중엽이었다.

CHAPTER 02

ROOTS 05

켈트족과 **소금**,
켈트족과 **핼러윈**

　로마인들이 갈리아족이라 불렀던 켈트족은 원래 라인강과 다뉴브강 상류 남부 독일을 거주지로 하는 기마민족으로, 수준 높은 농경·목축 기술을 가지고 철제 무기와 마차를 이용해 중부 유럽을 중심으로 유럽 전역으로 퍼져나갔다.

　특히 기원전 1200년부터 기원전 500년에 걸쳐서 할슈타트(Hallstatt) 문화를 꽃피운 것으로 알려져 있다. '켈트(Celt)'는 고대 그리스의 역사가 헤로도토스가 '게일인'이라는 의미로 사용했던 켈토이(Keltoi)에서 유래했으며, 로마인들이 '야만인'이라는 뜻으로 사용하던 단어다. 카이사르의 갈리아 원정 이후 500년 동안 로마 제국의 지배를 받은 켈트족은 로마 문화를 따르게 되었고, 켈트어도 5세기에는 대륙에서 사라지게 된다.

　오스트리아 잘츠부르크시 동쪽에 위치한 알프스 산봉우리로 둘러싸인 호수 지대는 잘츠캄머구트(Salzkammergut)라고 불리며, 영화 「사운드 오브 뮤직」의 촬영지로도 유명하다.

세계에서 가장 아름다운 호반 도시로 불리는 할슈타트와 할슈타트 호수의 전경. 할슈타트의 어원은 켈트어로 '소금'을 뜻하는 Hall, 게르만어로 '장소'를 뜻하는 statt이다.

그중 세계에서 가장 아름다운 호반 도시로 알려진 곳이 할슈타트다. 호수의 남쪽에 이어지는 2,995미터를 최고봉으로 하는 다흐슈타인산과 함께 1997년에 세계유산으로 등재되었다.

켈트어로 '소금'을 뜻하는 Hall, 게르만어로 '장소'를 뜻하는 statt가 할슈타트의 어원이다.

고대부터 현재까지 사용되고 있는 소금광산을 광차와 비슷한 탈 것을 타고 돌아다니는 영화 「인디애나 존스」 같은 투어는 매우 흥미진진하다.

잘츠캄머구트(Salzkammergut)는 독일어로 '소금(Salz)의 영지(Kammergut)'가 어원이며, 이 지역의 암염갱(巖鹽坑)은 합스부르크 제국의 직할지였다.

chapter. 2 : 인종과 민족 87

예전에 암염은 '하얀 황금'으로 불렸으며 이 지역에서 생산된 소금을 외국으로 수출했다.

오스트리아 '잘츠부르크(Salzburg)'의 어원도 독일어로 'Salz(소금)+burg(성, 요새)'로 '소금'의 salt와 같은 어원이다.

❖ 샐러드, 살라미, 소스는 소금(salt)에서 파생된 단어들

salt는 게르만어에서 유래한 단어이지만, salad(샐러드), salami(살라미), sauce(소스), sausage(소시지), salsa(살사=주로 칠리소스) 등 라틴어에서 유래한 단어와 인도유럽조어인 sal(소금)로 연결돼 있다.

'월급'인 salary(샐러리)도 라틴어에서 유래한 것으로, 과거 로마 군인들이 월급 대신 소금을 받았기 때문이라고 하는데, 이를 입증하는 문헌은 남아 있지 않다.

이 시대에는 이미 금화나 은화 등의 화폐가 사용되었기 때문에 소금을 사기 위해 받은 임금에서 유래한 단어로 보는 것이 마땅하다.

❖ 브리튼섬의 의미

대륙을 떠난 켈트족은 현재 영국이 있는 브리튼섬으로 이주했지만, 브리튼섬은 기원전 1세기 중반 카이사르의 침공으로 로마인의 진출이 시작되어 43년에는 로마 제국의 속주 브리타니아(Britania)가 되었다.

'브리튼섬'의 Britain은 로마인들이 '문신을 한 민족'이라는 뜻에서 Britani라고 한 데서 유래했다.

현재 Briton은 '영국인'을 의미하지만, 역사에서 말하는 Briton은 로마의 침략을 받던 시절의 '켈트족'을 가리키는 단어다.

브리튼섬은 로마화가 진행되어 피지배층인 켈트족이 사용하는 켈트어와 지배층인 로마인이 사용하는 라틴어가 공존하게 된다.

그러나 로마 제국이 쇠퇴하기 시작한 5세기 무렵, 게르만족의 일파인 앵글로색슨족이 침입하면서 켈트족은 스코틀랜드, 웨일스, 아일랜드, 콘월 등의 지방으로 쫓겨나게 된다.

켈트어에서 파생한 '게일어(Gaelic)'는 스코틀랜드에서는 죽은 언어가 되어가고 있지만, 아일랜드에서는 영어와 함께 공용어로 사용되어 켈트 문화를 계승하고 있다.

❖ 핼러윈에 과자를 나눠 주는 이유

켈트의 풍습에는 우리에게도 익숙한 행사가 있다. 10월 31일의 핼러윈(Halloween)의 기원은 켈트족이 가을 수확을 축하하던 삼하인(Samhain) 축제이며, 이 삼하인의 어원은 게일어로 '여름의 끝(summer's end)'이다. 고대 켈트 달력에서 10월 31일은 한 해의 마지막 날로, 그 날은 조상의 영혼이 가족들을 만나러 온다고 믿었다. 우리로 치면 추석과 섣달그믐날이 한꺼번에 오는 것과 같은 날이다.

이때 켈트인들은 조상의 영혼과 함께 악령도 온다고 생각하여, 악령이 자신이 인간임을 알아차리지 못하도록 불을 피우거나 가면을 쓰고 몸을 보호했다고 한다.

중세 가톨릭에서는 11월 1일을 '모든 성인의 날(All Saints' Day, 만성절)'로 기념했는데, 이 두 날이 연결되면서 핼러윈 풍습이 되었다.

특히 미국에서는 종교적 색채가 옅어지면서 어린이와 어른들이 다채로운 분장을 하고 즐기는 행사로 자리 잡았다.

미국에서는 마녀, 좀비 등으로 분장한 아이들이 "Trick or Treat"를 외치며 동네를 돌아다니고, 어른들은 "Happy Halloween"이나 "Treat"라고 화답하면서 초콜릿이나 사탕 등의 과자를 주는 것이 관습화되어 있다.

Trick은 '장난', Treat는 '대접'이라는 뜻이다. 그 기원은 고대 켈트족의 '소울링(souling)'이라는 죽은 자의 영혼을 애도하는 의식에서 비롯된 것으로 알려져 있다.

중세 영국에서 지옥과 천국 사이에 있는 연옥에서 고통받는 조상의 영혼을 위해 기도해주러 가정을 방문한 가난한 사람들과 아이들에게 '소울 케이크(soul cake)'라고 불리는 과자를 나눠 주던 풍습에서 유래했다고도 한다.

✤ 핼러윈의 어원은 'All(모든)+Hallow(성인)+Even(전날 밤)'이다

Halloween의 어원은 All Hallow's Even이며 'All(모든)+Hallow(성인)+Even(전날 밤)'을 의미한다. hallow(성인)와 어원이 같은 단어로는 health(건강), healthy(건강한), heal(치유하다), holy(거룩한), holiday(휴일) 등이 있다.

CHAPTER 02

ROOTS **06**

게르만인의 **대이동에 관여**한 여러 민족

'게르만인(Germanic peoples)'은 기원이 명확하지 않지만, 언어학적 관점에서 보면 인도유럽어족에 속하며 영어, 독일어, 네덜란드어, 노르웨이어, 덴마크어, 스웨덴어, 아이슬란드어 등의 공통 조상이 되는 게르만어 계통에 속하는 민족 집단이다.

원 거주지는 발트해 연안 지역으로 스칸디나비아반도 남부부터 유틀란트반도, 독일 북부 지역에 이르는 지역이었다.

기원전 1세기 무렵 원주민인 켈트족을 압박하면서 라인강과 다뉴브강을 따라 서진하다가 동쪽의 유목 기마민족인 훈족에게 압박을 받아 4세기 말 대규모 이동을 시작해 로마 제국 영토에 침입하면서 프랑크 왕국 등의 국가를 건설했다. 이것이 이른바 '게르만인의 대이동'이다.

이 대이동에 참여한 게르만인은 동고트족, 서고트족, 반달족, 부르군트족, 프랑크족, 앵글로색슨족, 랑고바르드족 등이었다.

❖ 동고트족과 서고트족

4세기 무렵 로마 제국의 변방인 다뉴브강 북쪽에는 게르만인의 일파인 동고트족과 서고트족이 살고 있었는데, 중앙아시아에서 서진해 온 유목 기마민족인 훈족이 침입해 왔다.

훈족은 370년 무렵 동고트족의 거주지를 침공해 지배하에 두었다. 서고트족도 훈족의 압박을 받아 376년 다뉴브강을 건너 로마 제국 영토로 이주할 수밖에 없었다.

로마 제국의 영역으로 들어가는 것은 그들에게 위험한 행위였지만, 훈족은 그보다 더 위협적인 존재였다. 이것이 '게르만인의 대이동'의 시작이다.

서고트족은 갈리아 남부(현재의 남프랑스)를 지배한 후 이베리아반도 북부까지 장악해 418년 서고트 왕국을 건국한다.

이후 5세기 말경 프랑크 왕국에 갈리아 남부를 빼앗겨 지배 지역이 이베리아반도만 남게 되지만, 507년 수도를 톨레도로 정했다. 이후 톨레도는 기독교 문화의 중심지가 된다.

그러나 서고트 왕국은 711년 지브롤터 해협을 건너온 이슬람에 의해 멸망한다. 이후 이베리아반도의 정세에 대해서는 다음 장 '이베리아반도의 레콩키스타'에서 자세히 이야기하자.

동고트족이 370년 무렵 훈족의 지배하에 놓이게 된 것은 앞서 언급한 바와 같다. 이후 훈족은 5세기 전반 아틸라 대왕이 다스린 판노니아(Pannonia, 현재의 헝가리)를 중심으로 현재의 독일과 폴란드 일대에 훈 제국을 건국하고, 한동안 동로마 제국과 대치하다가 대왕의 급사 후 얼마 지나지 않아 멸망한다. 훈 제국의 멸망을 틈타 동고트족은

중세 고딕 건축의 걸작인 파리 노트르담 대성당. '고트풍'이라는 형용사 Gothic에는 고트족을 비하하는 의미에서 '야만적이고 교양 없는'이라는 뜻이 담겨 있다.

판노니아로 이주한다.

동로마 제국의 요청을 받은 테오도리쿠스가 동고트족을 이끌고 이탈리아로 쳐들어가 493년 서로마 제국을 멸망시키고 동고트 왕국을 건국한 것은 1장에서 이야기했다.

정복자인 게르만인은 로마인에 비해 수가 적었고, 로마의 수준 높은 문화를 존중하며 로마인에게는 로마법을, 게르만인에게는 게르만법을 적용하는 분리 통치를 했다. 하지만 555년 동로마 제국의 황제 유스티니아누스에 의해 멸망한다.

14세기 초에 고딕 서체로 쓰인 필사본.

❖ 고딕 서체는 고트족에 대한 경멸적 호칭에서 유래했다

'고트족'은 영어로 the Goths 또는 Gothic peoples라고 하는데, '고트풍'이라는 형용사 Gothic(고딕)에는 수세기 동안 로마 제국과 로마인들을 괴롭혔던 고트족을 비하하는, '야만적이고 교양 없는'이라는 뜻이 담겨 있다. 중세 교회로 대표되는 건축 양식인 '고딕 건축'이나 서체 가운데 하나인 '고딕 서체'도 원래 경멸적인 의미가 담긴 단어였다.

CHAPTER 02

ROOTS 07

안달루시아의 어원이 된 반달족

'반달족(the Vandals)'은 원래 스칸디나비아반도가 고향으로 기원전부터 발트해를 건너 지금의 독일과 폴란드 국경지대인 오데르강 유역에 거주했다. Vandal은 로마인들이 명명한 것으로, 게르만조어 '방랑자'가 어원이며, 그 이름처럼 방랑의 민족으로 긴 여행을 떠난다. 먼저 훈족의 압박으로 406년 이동을 시작해 라인강을 건너 갈리아(현재의 프랑스)를 파괴하면서 409년 피레네산맥을 넘어 이베리아반도 남부의 안달루시아, 갈리시아에 정착한다.

현재 그라나다를 포함한 코르도바·세비야·말라가 일대의 스페인 남부를 '안달루시아(Andalusia)'라고 부르는데, 어원은 '반달족의 나라'라는 뜻이다.

이후 이베리아반도에 침입한 같은 게르만족의 일족인 서고트족의 압박을 받아 지브롤터 해협을 건너 북아프리카 카르타고(페니키아인이 건설한 고대 식민 도시)의 옛 터인 오늘날 튀니지 부근에 반달 왕국을 건국한다.

이후 반달 왕국의 가이세리크(Gaiseric) 왕이 이끄는 군대가 455년 로마를 점령하면서 서로마 제국은 멸망이 앞당겨지게 된다.

❖ 반달족의 야만적 행위에서 탄생한 영단어들

반달족은 갈리아나 로마를 파괴한 야만적인 행위로 vandal(무자비한 파괴자, 야만적인), vandalism(예술 작품이나 공공물 파괴), vandalize(파괴하다) 등 불명예스러운 단어를 남겼다.

반달 왕국은 시칠리아섬과 사르데냐섬까지 점령하지만, 534년 비잔틴 제국의 유스티니아누스 황제가 파견한 벨리사리우스 장군에게 멸망당했다.

❖ 와인의 산지 부르고뉴의 이름으로 남아 있는 부르군트인

반달족과 마찬가지로 스칸디나비아반도가 고향인 부르군트인은 300년 무렵부터 마인강 양안에 거주했으나, 406년 라인강을 건너 갈리아에 침입해 라인강 중류에 정착하다가, 훈족의 압박으로 남하해 443년 갈리아 동남부 론강 유역에 부르군트 왕국을 건국했다.

이후 534년 같은 게르만인 일파인 프랑크족이 세운 프랑크 왕국에 정복당했다. 부르고뉴라는 명칭은 와인 산지로 유명한 '부르고뉴(Bourgogne)' 지방에 남아 있다. 영어 이름은 Burgundy(버건디)로 라틴어의 '고지대인'에서 유래했다.

부르고뉴 지방의 중앙 고지대 동쪽에 펼쳐진 경사면이 포도 재배에 매우 적합해 와인 산지로 알려지게 되었다.

❖ 긴 수염(Long beards)을 뜻하는 랑고바르드인

　스칸디나비아반도가 고향인 랑고바르드인은 현 독일의 엘베강과 라인강 사이에 거주하다가 다뉴브강을 따라 이동해 비잔틴 제국의 영토인 판노니아(현재의 헝가리)에 이주하고 유스티니아누스 대제에게 협력해 동고트 왕국을 멸망시킨다.

　대제 사후 이탈리아를 침공해 파비아를 수도로 삼아 568년 랑고바르드 왕국을 건국한다. 이로써 이탈리아의 고대가 끝나고 중세의 시작을 알렸으나, 774년 프랑크 왕국의 카롤루스 대제에게 멸망당한다. 현재 이 지역은 롬바르디아(Lombardia)로 이름이 남아 있다.

　영어로 '롬바르디아'는 Lombardy, '롬바르디아 주민'은 Lombard가 되는데, 어원은 Long beards(긴 수염)이다. '이발사'인 barber도 같은 어원으로, '수염(beard)를 깎는 사람'에서 유래한다.

　랑고바르드인의 침략을 피해 도망친 사람들이 아드리아해의 라군섬에 베네치아를 건설했다고 한다. '라군(lagoon)'은 이탈리아어로 '연못' 또는 '호수'인 laguna(라구나)에서 유래한 단어로 영어의 '호수'인 lake와 어원이 같다.

　베네치아에는 '카날 그란데'라고 불리는 대운하(grand canal)가 있고, 거기에서 모세혈관처럼 작은 운하가 뻗어 있다.

　베네치아 하면 운하에 놓인 다리, 곤돌라 칸초네를 부르는 뱃사공을 떠올리게 된다. 베네치아는 개펄을 간척해 건설했기 때문에 지반 침하가 영원한 문제이지만, 최근 기후위기로 인한 이상 조위 현상도 심각한 문제가 되고 있다. 이런 이상 조위 현상을 이탈리아어로 '아쿠아 알타(aqua alta=높은 물)'라고 한다.

이탈리아 정부는 이 문제를 해결하기 위해 섬의 세 군데에 거대한 이동식 수문을 설치했다. 도시를 침수로부터 보호하는 '모세 프로젝트'가 이미 시작되었다.

최대 3미터까지 조위의 변화에 대응할 수 있다고 한다. 모세 프로젝트 이름은 『구약성서』 「출애굽기」에서 이집트 군대에 쫓기던 모세가 홍해 연안에서 지팡이를 들자 바다가 두 갈래로 갈라지고 그 사이에 생긴 길을 통해 아라비아반도에 도착했다고 하는 '모세의 기적'에서 유래했다.

❖ canal(운하)과 channel(해협)은 어원이 같다

'운하'의 영어 canal은 '물을 지나가게 하는 파이프'나 '도랑'을 뜻하는 라틴어 canalis가 어원이며, 15세기 초 프랑스어를 거쳐 영어로 차용된 단어다. 한편, canalis는 그보다 약 1세기 전에 고대 프랑스어를 거쳐 '해협'을 가리키는 channel로 영어에 차용되었다.

이처럼 어원은 같지만 중간에 의미가 바뀌어 영어가 된 것을 이중어(doublet)라고 한다.

라틴어 canalis는 '갈대'를 뜻하는 라틴어 canna에서 유래한 단어이며, 이 canna에서 대나무나 사탕수수 등의 '줄기'를 뜻하는 영어 cane이 나왔다. '대포'의 영어 cannon은 대포의 포신을 '관'이나 '튜브'에 비유한 것으로 추정되며, canyon(깊은 계곡), caramel(캐러멜)도 같은 계통으로 '캐러멜'의 어원은 'canna(갈대)+mel(꿀)'이다.

최근 프랑스에서 탄생한 세련된 구운 과자인 카늘레가 인기인데, 카늘레(cannelé)는 프랑스어로 '세로 홈이 파인'이라는 뜻으로 canal, channel과 어원이 같다.

❖ 아쿠아리움은 '가축이 물 마시는 곳'

라틴어로 '물'은 aqua(아쿠아)다. aquarium은 원래 '가축이 물 마시는 곳'이라는 뜻이었으나, 19세기 중엽에 '수족관', '수조'라는 의미로 영어에 차용되었다. 코카콜라사의 스포츠음료인 '아쿠아리우스(Aquarius)'는 영어로 별자리인 '물병자리'를 뜻한다.

❖ 섬(island)과 혈당을 낮추는 인슐린은 어원이 같다

'섬'의 영어인 island는 앵글로색슨계 고대 영어에서 유래했으며, 본래 '물 안에 있는 땅'을 의미했다. 한편 insular(섬의)는 라틴어 insula(섬)에서 영어로 차용된 단어다.

islet(아일릿)은 '작은 섬', peninsula는 'pen(대부분)+insula(섬)'에서 '반도'가 된다.

혈당을 낮추는 역할을 하는 호르몬 '인슐린(insulin)'은 췌장의 랑게르한스섬(islets of Langerhans)에서 분비되는 것에서 유래했다.

insulin의 어미 -in은 aspirin(아스피린)이나 protein(프로틴=단백질)처럼 '(화학)물질'을 나타내는 접미사다.

❖ '유럽의 아버지' 카롤루스 대제는 왜 샤를마뉴라고 불릴까?

라인강 동쪽에 있던 프랑크인도 게르만인의 일파로, 5세기에 북갈리아(현재의 북프랑스)에 침입해 481년에 프랑크 왕국을 건국한다.

이때부터 메로빙거 왕조의 지배가 시작되는데, 프랑크인들은 아타나시우스파라고 불리는 정통 기독교로 개종함으로써 로마 가톨릭 교회와의 관계를 돈독히 하면서 급속도로 세력을 키워나갔다. 메로빙거 왕조는 카롤링거 왕조가 시작되는 751년까지 지속된다.

프랑크 왕국의 전성기는 카롤루스 대제가 통치하던 시대이다. 카롤루스는 800년 로마 교황 레오 3세로부터 로마 제국 황제의 관을 수여받아 기독교적 게르만 통일 국가로서 서유럽의 거의 전역을 제압해 '유럽의 아버지'로 불린다.

카롤루스 대제 사후인 843년에 중부 프랑크와 서부 프랑크(843~987), 동부 프랑크(843~911)로 나뉘고 870년에는 중부 프랑크의 일부가 동서 프랑크에 할양된다. 이 세 프랑크가 훗날 이탈리아, 프랑스, 독일의 원형이 된다.

참고로 카롤루스(Carolus) 대제는 독일어로는 '카를(Karl)이며 프랑스어로는 샤를(Charles) 또는 샤를마뉴(Charlemagne), 스페인어로는 카를로스(Carlos), 영어로는 찰스(Charles)가 된다.

❖ 프랑스는 프랑크인들이 무기로 사용하던 투척용 창에서 유래했다

서프랑크 왕국은 카롤루스 2세(샤를 2세)가 계승해 훗날 프랑스의 원형이 된다.

'프랑스'라는 국명은 '프랑크인(the Franks)'에서 유래했는데, 이 Franks는 원래 프랑크인이 무기로 즐겨 사용하던 '투척용 창' 또는 '투척용 도끼'에서 비롯된 게르만어라는 설이 있다. 게르만어가 어원으로 그들이 무기로 즐겨 사용하던 '투창(투척용 창)'에서 유래했다.

게르만인의 지배가 계속된 프랑스의 언어가 게르만계가 아니라 라틴계인 이유는 라인강 서쪽 갈리아 지역이 원래 로마 제국의 영토였기 때문이다.

당시 서프랑크 왕국에는 지배층인 게르만인 인구는 적었고, 대부분의 사람들이 라틴어의 구어(口語)인 고대 프랑스어를 사용했다.

❖ **자유인이었던 프랑크족에서 유래한 frank(솔직한)**

프랑크족이 자유민이었기 때문에 소문자를 사용해 frank로 표기하면 '솔직한'이 된다.

'프랜차이즈(franchise)'는 회사가 개인이나 다른 회사에 주는 '자유롭게 판매할 수 있는 권리' 또는 '자유롭게 영업할 수 있는 권리'를 의미하며, 본래 뜻은 '자유롭게 하다'이다.

고유명사 Francis(프랜시스)는 '자유롭고 고귀한', Franklin은 '창을 든 사람' 또는 '자유인', 미국 서부 해안의 샌프란시스코(San Francisco)는 프란치스코 수도회 창시자인 '성 프란치스코'의 이름에서 유래한 지명이다.

라인강의 지류인 마인강 북안에 있는 독일의 국제도시 프랑크푸르트(Frankfurt)는 그 이름이 프랑크에게서 비롯되었다.

카롤루스 대제 시절, 이웃 나라 알레만족(Alemanne)과의 전쟁으로 작센에서 쫓겨난 프랑크인이 마인강에 이르러 궁지에 몰렸다.

그때 사슴 한 마리가 강을 건너는 것을 보고 얕은 여울이 있다는 사실을 알고 그곳을 건너 난관을 벗어났다는 전설에서 유래한 지

19세기 프랑스의 리얼리즘 화가 귀스타브 쿠르베가 그린 프랑크푸르트 풍경. 프랑크푸르트(Frankfurt)의 어원은 '프랑크인(Franke)이 건너는 여울(furt)'이다.

명이다. 즉, 프랑크푸르트의 어원은 '프랑크인(Franke)이 건너는 여울(furt)'이다.

지금도 독일에서는 프랑스를 '프랑크 제국'이라는 뜻으로 '프랑크라이히(Frankreich)'라고 부르는 반면, 프랑스에서는 독일을 가리켜 '알레만족의 나라'라는 뜻으로 '알르마뉴(Allemagne)'라고 부르는 것이 흥미롭다.

동프랑크 왕국은 911년 카롤루스 왕조가 멸망하고 919년 작센인 하인리히 1세가 제후들에 의해 동프랑크 왕으로 선출되면서 프랑크인의 왕통이 끊어지게 된다. 이로써 동프랑크 왕국은 독일로 바뀌게 된다.

하인리히 1세의 아들 오토 1세는 962년에 로마 제국 황제의 관을 수여받아 초대 신성 로마 제국 황제가 된다. 사실상 독일 왕이 신성 로마 제국 황제를 겸하게 된 것이다.

황제는 가톨릭의 중심지인 이탈리아를 지배하고 로마에서 즉위하는 것을 목표로 했기 때문에 황제가 독일 본토에 없는 상태가 계속되었다.

그 결과 점차 유력 제후들이 자립해 '란트'라는 '영방(領邦)'이 형성되고, 제후들의 영토가 독립국가 같은 존재가 되어 황제의 지배가 거의 미치지 않는 상태가 되었다.

이에 황제는 교회의 성직자 임면권을 가지고 제후들에게 대항하려 했으나, 하인리히 4세 때 교황 그레고리우스 7세와 성직 임면권을 두고 대립하다가 로마 교회로부터 파문을 당하게 된다.

훗날 하인리히는 카노사 성에 머물고 있던 교황에게 용서를 구하며 눈이 내리는 성문 앞에서 사흘 동안 단식과 기도를 계속한 결과 겨우 파문을 풀었다. 이른바 '카노사의 굴욕(1077)'이었다.

이로써 황제보다 교황의 힘이 더 강하다는 것이 증명되었고, 이후 1254년부터 1273년까지 약 20년 동안 독일인이 제위에 오르지 못하는 '대공위(大空位) 시대'라고 불리는 기간이 이어진다.

'대공위 시대(인터레그넘Interregnum)'는 원래 왕정 로마 시대에 왕이 죽은 후 후계자가 결정될 때까지 '중간 왕(Interrex)'이 임명되어 통치하는 정치 체제를 일컫는 말이었다. 이 기간에 제후들은 선거를 통해 새로운 황제를 선출하게 된다.

하인리히 4세의 카노사의 굴욕을 묘사한 그림.

❖ 헝가리와 불가리아의 어원

여기까지 이야기하면서 종종 등장한 판노니아에 대해 정리해보자. 판노니아는 현재 헝가리로 불리고 있다.

Hungary(헝가리)의 어원은 '훈족(the Huns)의 땅'이지만, 현재 헝가리인의 조상은 훈족이 아니라 9세기에 서진해 온 우랄계 기마 유목민인 마자르족이다.

마자르인(the Magyars)의 원거주지는 우랄산맥 남서부 지역으로 추정되며, 6세기 무렵 흑해 북부에서 불가르인(Bulgars)과 접촉하면서 9세기에 판노니아 땅에 들어왔고, 10세기에는 동프랑크를 비롯한 서유럽으로 약탈 원정을 반복하다가 955년에 동프랑크·작센 왕조 하인리히 1세의 아들 오토 1세와의 레히펠트(Lechfeld) 전투에서 패배해 판노니아로 돌아갈 수밖에 없었다.

그 후 1000년, 이슈트반 1세는 헝가리 왕국을 성립시킨다.

참고로 유럽 국가에서 인도유럽어족에 속하지 않는 언어로는 헝가리어, 핀란드어, 에스토니아어, 바스크어, 몰타어 등이 있다.

한편, 불가르인은 흑해와 카스피해 사이에 있는 코카서스산맥 북부의 초원 지역에 사는 튀르키예계 유목민이었는데, 4세기 후반 무렵에 훈족의 압박으로 서쪽으로 쫓겨나 7세기 무렵 흑해 북안에 국가를 세웠으나, 다시 하사르(Khazar)족의 압박으로 다뉴브강을 건너 선주민인 남슬라브족에 동화되면서 불가리아 왕국을 건국한다. 이것이 오늘날 요구르트로 유명한 불가리아 공화국의 출발점이 된다.

Bulgaria(불가리아)는 라틴어로 '볼가강에서 온 사람'이 어원인데, 그들이 6세기 무렵까지 살았던 볼가강변에서 유래했다는 설과 그들이 튀르크계와 슬라브계의 혼혈이라는 점에서 알타이어족에 속하는 튀르크어로 '혼합된'을 뜻하는 bulga에서 유래했다는 설이 있다.

❖ 요구르트는 튀르크어로 '걸쭉하게 하다'에서 유래

튀르크어를 대표하는 언어가 튀르키예어다. 요구르트는 튀르키예어에서 왔는데, 영어로 '요거트'라고 발음한다. 영어 같지 않은 발음인데, 이는 튀르키예어로 '농축하다', '걸쭉하게 하다'라는 뜻의 yogurt를 영어로 그대로 차용한 것이기 때문이다.

튀르키예어 yogurt에서 g는 연음(軟音)이며 발음은 영어의 w음에 가까워서 '요우르트'처럼 들린다.

✢ 영어(English)는 앵글로색슨족이 사용하는 언어

앵글로색슨족은 유틀란트반도와 독일 북안의 엘베강 하류에 거주했던 앵글족, 색슨족, 유트족(Jutes)의 게르만계 3개 부족을 총칭하는 말이다. 그들은 5세기 중엽 무렵, 브리튼섬을 침공해 원주민인 켈트계 브리튼인을 정복했다.

앵글족이라는 명칭은 그들이 살았던 유틀란트반도의 해안선 지형이 '낚싯바늘(고대 영어로는 angel)'과 닮은 데서 유래했으며, '앵글족이 살던 땅'에서 '잉글랜드(England)'라는 국명이 탄생했다.

'영어'를 뜻하는 English(잉글리시)도 '앵글족이 사용하는 언어'가 어원이다.

일반적으로 영어의 역사는 앵글로색슨족이 사용하던 언어에서 시작된다. 색슨족(the Saxons)은 어원이 '나이프를 가진 병사'로 그들이 전투적인 민족이었음을 암시하는 단어이고, 유트족(the Jutes)은 '유틀란트(Jutland)의 주민'에서 유래한 단어다.

색슨(Saxon)은 독일어 작센(Sachsen)이 변형된 말인데, 그들은 독일 북부 해안의 엘베강 하류 지역과 홀슈타인(Holstein) 일대에 거주하고 있었다.

홀슈타인은 독일식 발음이며 영어로는 '홀스타인'이다. 소의 품종으로서 홀스타인은 우유 생산량이 많은 대표적인 젖소로 잘 알려져 있다.

어원은 독일어로 '숲의 주민'에서 유래했다. 브리튼섬으로 건너가지 않고 대륙에 남아 있던 작센인들은 6세기 초 라인강 일대에 세력을 넓혔고, 9세기 초 프랑크 왕국의 카롤루스 대제에게 정복되어 작소니아로 불리며 로마 카톨릭으로 개종한다.

844년 류돌핑어(Liudolfinger) 가문의 류돌프(Liudolf)는 작센의 여러 부족을 모아 작센 공이 되어 프랑크 왕국 내에서 세력을 갖게 된다. 919년 하인리히 1세는 동프랑크 왕이 되어 작센 왕조를 열었는데 그의 아들이 962년 서로마 황제의 칭호를 받고 초대 신성 로마 제국 황제 오토 1세가 된 것은 앞에서도 이야기했다.

❖ 앵글(모서리)과 낚시꾼의 의외의 관계

'앵글(angle)'은 '각도' 또는 '모서리'를 의미하는데, England, English와 마찬가지로 '모서리' 또는 '구부리다'라는 뜻의 인도유럽조어 ang 또는 ank가 어원이다. 또한 구부러진 낚싯바늘에서 연상하여 angle에는 동사로 '낚시를 하다'라는 의미가 있으며, '낚시꾼'은 angler다.

또한 머리에 뾰족하게 튀어나온 안테나처럼 생긴 낚싯대에 달린 가짜 미끼로 물고기를 유인해 잡아먹는 심해어인 '아귀'는 영어로 angler fish다. triangle은 '3개의 모서리'에서 '삼각형', quadrangle은

'사각형', rectangle은 'rect[(쭉 뻗은) 각]'에서 '직사각형'이 된다.

ankle은 '구부러진 것'에서 '발목', anklet은 'ankle(발목)+et(작은 것)'에서 '발찌', anchor는 '구부러진 것'에서 '닻'이 된다.

미국 알래스카주 남부에 있는 도시인 앵커리지(Anchorage)의 A를 소문자로 쓴 anchorage는 '닻을 내리는 행위'에서 '정박항'이 된다.

anchor에는 릴레이의 '마지막 주자', '정신적 지주'라는 의미도 있는데, 취재한 뉴스거리를 가지고 최종적으로 정리하고 마무리하는 사람이 바로 anchorman(뉴스 캐스터)이다.

❖ 색슨의 어원 '자르다'에서 파생된 영단어

'색슨(Saxon)'은 인도유럽조어에서 '자르다'라는 뜻의 sek으로 거슬러 올라가며, sect, section, sector, segment, insect, intersection, skin, saw 등이 같은 계통의 언어다.

sect는 '파벌, 분파', section(부분, 부문), sector(분야, 부문), segment(부분, 나누다)는 모두 잘리는 이미지이며, insect는 몸이 안쪽으로 잘린(세 부분으로 나뉜) '곤충', intersection은 사이를 가르는 '교차로'이다.

skin은 '동물에서 벗겨낸 가죽'이 본래 뜻이며, '톱'을 뜻하는 saw 역시 같은 어원이다.

앵글로색슨족은 브리튼섬의 원주민인 켈트족을 정복하면서 섬 내 각지에 정착하게 되는데, 수많은 작은 왕국을 형성하고 서로 다투면서 7세기에 7개의 왕국이 성립된다.

에식스(Essex), 서식스(Sussex), 웨식스(Wessex), 이스트 앵글리아(East Anglia), 머시아(Mercia), 노섬브리아(Northumbria), 켄트(Kent)의 7개

왕국으로 '일곱 왕국=헵타르키(Heptarchy)'라고 불린다. heptarchy는 그리스어로 'hepta(7개의)+archy(지배)'가 어원이며, '7'은 라틴어로는 septem, 영어로는 seven이 된다.

❖ '일곱 번째 달'을 뜻하는 September가 왜 '9월'일까?

September(9월)의 본래 의미는 '일곱 번째 달'로, 과거 로마력에는 지금의 1월과 2월에 해당하는 달이 없고 3월부터 시작되었다고 1장에서 이야기했다(1월과 2월에 해당하는 시기는 달력에 포함시키지 않았다-옮긴이). 즉, 3월부터 시작해 일곱 번째가 되는 달이 현재의 9월에 해당하게 되는 것이다.

다시 앵글로색슨족 이야기로 돌아가 보자. 일곱 왕국 가운데 Essex, Sussex, Wessex의 세 왕국은 색슨족이 섬 남부에 세운 나라로, 순서대로 East Saxons, South Saxons, West Saxons가 그 어원이며, Essex와 Sussex라는 지명은 현재도 남아 있다.

East Anglia, Mercia, Northumbria의 세 왕국은 앵글족이 중부와 북부에, Kent는 유트족이 남동부에 세운 나라이다.

829년에 웨식스 왕 에그버트가 잉글랜드 왕국을 세웠지만, 전 지역을 지배한 것은 아니었고 불안정한 상태가 지속되었다.

참고로 켄트주에는 영국 시인 제프리 초서가 14세기 말 쓴『캔터베리 이야기(the Canterbury Tales)』의 배경이 된 캔터베리 대성당이 있다. 외교관으로 이탈리아에 부임한 초서가 보카치오의『데카메론』에 영향을 받아 쓴 이 이야기는 순례길에 오른 각계각층의 사람들로 구성된 29명의 일행이 지루함을 달래기 위해 차례로 이야기를 나누는 형식이다.

Canterbury의 어원은 '켄트주 주민을 위한 성채 도시'라는 뜻이며, Tales(이야기)는 동사 tell(전하다)의 명사형이다.

✣ 해적인 바이킹과 마을(village), 대저택(villa)의 관계

4세기부터 6세기에 걸친 게르만인의 대이동 때 스칸디나비아반도와 유틀란트반도 등 북유럽에 머물렀던 게르만인이 있었다. 그것이 바로 North man(북쪽 사람)을 뜻하는 '노르만인(the Normans)'이다.

노르만인은 빙하가 깎아낸 척박한 땅이 농업에 적합하지 않아 주로 사냥, 목축, 어업에 종사했지만, 조선술과 항해술에 능한 민족으로 8세기 무렵부터 점차 인구가 늘어나기 시작했다. 8세기 말부터 11세기에 걸쳐 교역로 개척을 위해 해상으로 진출했는데, 이때 다른 지역으로 이주하는 사람들도 많았다. 이 시기 그들의 이동을 '제2차 민족 대이동'이라고 부른다.

노르만인은 종종 해적 행위를 동반한 교역을 하며 유럽 각지를 습격했다. 그들은 막대한 피해를 입혀 바이킹(Viking)이라는 이름으로 두려움의 대상이 되었다. 다음부터 나오는 노르만인은 바이킹으로 대체해도 무방하다.

바이킹(Viking)의 어원에 대해서는 두 가지 설이 유력하다. 하나는 고대 노르드어(Old Norse)로 'vik(만, 피오르)에 사는 사람들'이라는 뜻의 vikingr에서 유래했다는 설이다.

'피오르(fjord)'는 빙하의 침식 작용에 의해 형성된 것으로, 가파른 경사면과 절벽이 있는 길고 좁은 만을 말한다.

잉글랜드를 침략하기 위해 항해 중인 노르드인.

fjord는 '피오어드'라고 발음하지만, 노르웨이어로는 '피오르'라고 한다.

860년 무렵 그들은 아이슬란드(Iceland)에도 침입해 정착을 시작했다. 그리고 20년 후에는 그린란드에도 식민지 개척을 시작했다.

아이슬란드의 수도 '레이캬비크(Reykjavik)'는 'reek(연기, 증기)+vik(만)'이 어원으로, 섬에 상륙했을 때 땅에서 연기가 피어올랐다고 해서 붙여진 이름이라고 한다. 아이슬란드는 화산과 빙하의 섬나라로 알려져 있는데, 땅에서 피어오르는 연기는 아마도 온천의 뜨거운 수증기였을 것이다.

Viking 어원의 또 다른 설은 앵글로색슨어로 '마을', '야영지'라는 뜻의 wicing으로 거슬러 올라가 '야영하는 사람들'에서 유래했다는 설이다. 바이킹이 적지를 공격할 때 일시적으로 텐트를 치고 야영하는 습관이 있었다는 것이 그 근거다.

세계사 교과서 등에서는 바이킹이 '만에 사는 사람들'을 뜻한다는 설명을 자주 볼 수 있는데, 문헌상으로 전자에 비해 후자가 300년이나 더 과거로 거슬러 올라갈 수 있다는 점에서 필자는 후자의 '야영하는 사람들' 설이 더 설득력 있다고 생각한다.

'마을'의 village는 라틴어로 '농가', '시골집'을 뜻하는 villa(빌라)와 '집합체'를 뜻하는 접미사 -age가 어원이며, Viking과 같은 계통의 단어다.

villa가 '저택'이라는 뜻을 갖게 된 것은 17세기 이후이며, vicinity는 촌락에 가깝다는 의미에서 '인근', villain은 도시에 사는 사람이 촌락에 사는 사람에 대한 차별의식 때문에 '악인, 악당'의 의미를 갖게 되었다.

그리니치 천문대가 있는 Greenwich(그리니치)는 '녹색의 마을', 잉글랜드 동부의 Norwich(노리치)는 '북쪽의 마을', 잉글랜드 중부의 Warwick(워릭)은 '댐이 있는 마을', 런던 남부의 국제공항인 Gatwick(개트윅)은 '염소의 마을'을 가리키듯이 지명에 접미사처럼 쓰이는 wich나 wick도 '마을'이라는 뜻이다.

미국 테네시주 주도의 이름 내슈빌(Nashville)은 독립전쟁 당시 총사령관인 프랜시스 내시(Francis Nash), 즉 '내시의 마을'에서 유래했는데, 접미사적으로 쓰는 ville(마을)은 주로 19세기 중반 이후 미국의 도시 이름에 사용되기 시작했다.

✥ 덴마크는 데인족의 경계(mark)

9세기 무렵부터 노르만인의 일파인 데인족(the Danes)의 브리튼섬

침공이 시작되었다. 그들은 9세기 중엽에는 런던도 정복했으며, 866년에는 데인법(Dane law)에 의해 그 지배력이 잉글랜드 대부분 지역에 이르렀다.

현재 Dane은 '덴마크인'을 의미한다. 국명 덴마크(Denmark)의 본래 뜻은 '덴마크인(Dane)의 경계(mark)'이고, 그 형용사형은 Danish(덴마크의)다. 파이 모양의 과자인 '데니시 빵'은 Danish pastry라고 한다.

886년 웨식스 왕 알프레드는 런던을 탈환하고 잉글랜드 북동부 일대에 대한 덴마크인의 지배를 인정함으로써 더 이상의 진출을 제한했다. 잉글랜드 중부에 있으며 경마로 유명한 Derby(더비), 럭비의 발상지 Rugby(럭비) 이외에도 Whitby(휘트비), Selby(셀비) 등 by로 끝나는 지명은 데인족의 언어인 고대 노르드어의 '촌락'이나 '농장'에서 유래한다.

Derby(더비)는 '사슴(deer)의 마을'이란 뜻이고, Rugby(럭비)는 Hroca(흐로카)라는 남성의 이름 또는 hroc(떼까마귀의 고대 영어)과 관련이 있는 요새화한 정착지에서 유래한 것으로 보인다.

Whitby(휘트비)는 '하얀 마을', Selby(셀비)는 '버드나무 마을'이 어원으로, 둘 다 요크(York)와 비교적 가까운 곳에 있는 도시다. 잉글랜드 북부에 위치한 요크는 로마의 속주였던 브리타니아 시대에는 에보라쿰이라는 요새였다.

7세기에 요크는 앵글로색슨족이 세운 7개 왕국 중 하나인 '노섬브리아(Northumbria)'의 왕 에드윈이 거주했던 주요 도시이기도 했다. 지금도 중세의 면모를 고스란히 간직하고 있는 풍광이 아름다운 도시로, 도시를 둘러싸고 있는 성벽 위를 걸어서 한 바퀴 돌아볼 수 있다.

11세기에 접어들면서 잉글랜드는 다시 한 번 데인족의 침략을 받

요크의 거리 풍경.

았다. 웨식스 가문 출신의 잉글랜드 왕 에셀레드 2세(Æthelred the Unready)는 덴마크 왕 스벤(Svein)이 1013년에 잉글랜드를 침공하자 잉글랜드를 버리고 아내 엠마의 친정이 있는 노르망디로 망명해버렸다. 그리고 스벤이 잉글랜드의 왕으로 인정받지만, 그는 왕위에 오른 지 한 달 만에 갑자기 죽고 말았다. 소식을 들은 에셀레드 2세는 잉글랜드로 돌아와 복위하지만 '무능왕'이라고 불리면서 권력과 신뢰를 얻지 못한 채 1016년에 사망했다.

이를 지켜보던 스벤의 아들 크누트(Canute)는 군대를 이끌고 잉글랜드로 쳐들어와 크누트 1세로서 잉글랜드 왕으로 즉위하고, 덴마크와 노르웨이의 왕이 되어 북해 제국을 건설했다.

그러나 1035년에 크누트 1세가 죽자 북해 제국은 세력 유지가 어려워지면서 급속도로 쇠퇴하기 시작했고, 영국에서도 앵글로색슨 독립운동이 일어나고 있었다.

이런 가운데 1042년에 에셀레드 2세의 아들인 색슨족 에드워드가 왕으로 즉위하면서 앵글로색슨 왕조가 부활했다.

에드워드는 에셀레드 2세가 노르망디로 망명했을 때 아내 엠마와의 사이에 태어난 아들로, 25년 동안 노르망디에 살았기 때문에 프랑스어밖에 할 줄 몰랐다. 또한 '참회왕'이라고도 불렸던 그는 정치에는 관심이 없고 평생을 기독교 신앙에 전념했기 때문에 잉글랜드 사람들은 그가 왕이 될 자격이 없다고 생각했다.

1066년에 에드워드가 죽자 그의 의붓형인 해럴드 2세가 국민의 기대를 등에 업고 왕위에 올랐다.

그런데 노르망디공 기욤 2세는 에드워드의 어머니 엠마와 친척 관계였고, 어린 시절부터 에드워드와 친하게 지냈으며, 잉글랜드의 차기 왕위를 약속받은 상태였다.

결국 기욤 2세는 교황과 신성 로마 제국의 허락을 받아 도버 해협을 건너 잉글랜드 왕국에 침입했고, 헤이스팅스 전투에서 해럴드 2세를 물리치고 잉글랜드 왕 윌리엄 1세(정복왕 윌리엄)로서 노르만 왕조를 열었다.

❖ **프랑스어의 영향을 받은 영어 단어가 많은 이유**

1066년의 사건을 '노르만 정복(Norman Conquest)'이라고 하는데, 이후 300년 동안 잉글랜드의 공용어는 프랑스어가 되었고, 공문서 등

노르만 왕조의 시조인 정복왕 윌리엄. 1066년의 노르만 정복 이후 300년 동안 잉글랜드의 공용어는 프랑스어가 되었고, 엄청난 양의 프랑스어가 영어에 편입되었다.

은 모두 라틴어로 쓰였다. 하지만 그렇게 해도 프랑스어를 쓰는 사람은 상류층 사람들뿐이었고, 하층민들은 영어밖에 할 줄 몰랐다. 그럼에도 이 300년 동안 많은 프랑스어가 영어에 편입된 것은 사실이며, 오늘날 영어에 프랑스어와 프랑스어의 기반이 되는 라틴어에서 유래한 단어가 많은 이유가 바로 여기에 있다.

❖ say(말하다)의 바탕이 된 북유럽의 전승 '사가'

노르만인은 그린란드에서 더 서쪽으로 나아가 북미 대륙에 상륙했다.

'사가(saga)'는 12세기 무렵 아이슬란드와 노르웨이에 전해 내려오는 영웅전설과 역사적 사실을 연대기식으로 기록한 산문의 총칭이다. '사가'에 따르면, 아이슬란드에서 태어나 그린란드에서 자란 노르만 항해사 리프 에릭슨(Lief Erikson)이 바다를 건너 역사상 최초로 북미 대륙에 도달했다고 한다.

이 '사가' 설화를 바탕으로 1960년대에 노르웨이 탐험가들이 캐나다 뉴펀들랜드섬에서 노르만인의 정착지 유적을 발견했다.

이를 통해 콜럼버스보다 500년 전에 유럽인이 북미 대륙에 상륙했음이 증명되었다. 참고로 '사가(saga)'는 고대 노르드어로 '이야기'라는 뜻이며, 영어의 saying(속담, 격언), say(말하다)의 어원이 되었다.

❖ 영국 왕실의 시조는 노르망디의 바이킹

노르만인들은 서게르만계 프랑크족이 세운 프랑크 왕국의 분열을 틈타 북해를 남하해 프랑스 서부 해안을 휩쓸고, 센강과 루아르강을 거슬러 올라가 강 유역의 수도원과 주교좌가 있는 도시를 습격하고, 내륙까지 침입해 약탈을 거듭했다.

911년 노르웨이계 노르만인의 수장 롤로는 서프랑크 왕 샤를 3세로부터 기독교로 개종하는 것을 조건으로 센강 하류 지역의 영유권을 인정받아 노르망디 공국이 성립되었다. 롤로의 후손들은 노르망디 귀족으로서 프랑스 왕의 가신이 되었으며, 이 지역은 지금도 노르망디(Normandy)로 불린다.

이후 노르망디공 기욤 2세(영국명 윌리엄 1세)가 1066년 헤이스팅스 전투에서 잉글랜드를 정복하고 노르망디 왕조를 세운 것은 앞에서 이야기했다.

노르망디의 노르만족은 지브롤터 해협을 통해 시칠리아섬과 남부 이탈리아로 진출해 1130년 시칠리아 왕국을 건국했다.

현재의 영국 왕실은 '정복왕(the Conqueror)'이라고도 불리는 노르만인(=바이킹) 윌리엄 1세부터 시작해 현재의 찰스 3세까지 이어져 내려오고 있다. 즉, 오늘날 영국 왕실은 바이킹의 혈통인 것이다.

영국 역사상 가장 긴 70년 동안 군주였던 엘리자베스 2세에게는 이런 일화가 있다. 어느 인터뷰에서 "우리나라는 한 번도 외국의 침략을 받은 적이 없습니다."라는 여왕의 발언에 인터뷰어가 "하지만 노르만 정복이 있었는데요."라고 머뭇거리며 질문했다. 그러자 여왕은 "그건 우리가 한 일입니다."라고 담담하게 대답했다고 한다. 실제로 노르만 정복 이후 영국은 단 한 번도 다른 나라의 침략을 받은 적이 없다.

✣ 러시아(Russia)의 어원은 '노를 젓는(row) 사람'

스칸디나비아반도 동쪽에 거주하던 스웨덴계 노르만족은 류리크를 필두로 발트해를 건너 862년 농경·수렵 민족인 슬라브족을 정복하고 노브고로드 왕국을 건설했다.

이후 그들은 루시인(Rus' people)이라 불리며 원주민 슬라브족과 혼혈하면서 러시아인의 조상이 되었다.

'러시아(Russia)'의 어원은 노르만인이 노브고로드 왕국에 건국한 '루시의 나라'에서 유래한다. 루시의 어원에는 여러 설이 있는데, 핀란드인들이 스웨덴을 Ruotsi(루오치)라고 불렀던 데서 유래했다는 설과 고대 노르드어로 '노를 젓는 사람'이라는 설이 유력하다.

후자가 맞다면 row(노를 젓다, 노 젓기)와 rudder(배의 키, 항공기의 방향타)도 Russia(러시아)와 같은 어원이라는 말이 된다.

류리크의 아들은 비잔틴 제국과의 교역으로 이익을 얻기 위해 노브고로드의 물길을 따라 남하해 드네프르강 중류에 있던 키예프를 점령하고, 노브고로드에서 수도를 옮겨 키예프 대공국을 건국했다. 이후 노브고로드 왕국은 키예프 대공국에 합병되었다.

이 키예프 대공국이 현재의 러시아, 우크라이나, 벨라루스의 기틀이 된다. 그들의 주요 수출품은 러시아의 숲에서 얻은 모피 제품과 노예였다.

'노예'는 영어로 slave, '노예제도'는 slavery인데, 이 단어는 슬라브인(the Slavs)의 대부분이 노예로 여겨졌던 데서 유래한 단어다.

비잔틴 제국의 황제는 노르만인들을 길들여 동쪽에서 쳐들어오는 기마민족으로부터 자국을 보호하기 위한 방파제로 삼고자 했다.

그 결과, 황제는 자신의 여동생을 키예프 대공국의 블라디미르 1세에게 시집보내고 대신 그들을 그리스 정교회로 개종시켰다.

러시아인의 기독교화는 여기서부터 시작되었다.

푸틴 러시아 대통령의 이름이기도 한 '블라디미르(Vladimir)'라는 이름은 러시아인들에게 많이 쓰이는 이름이며, 슬라브어로 '평화로운 세계의 통치자'라는 뜻이다. 참고로 우크라이나의 6대 대통령인 젤렌

스키의 이름 볼로디미르(Volodymyr)는 러시아식으로 바꾸면 블라디미르가 된다.

로마 가톨릭교회가 프랑크 왕 카를 대제와 유대관계를 맺은 것처럼 비잔틴 제국의 그리스 정교회는 키예프 대공국과 유대관계를 맺었고, 비잔틴 제국이 멸망한 후에도 러시아가 동방 기독교 교회의 수호자가 되었다.

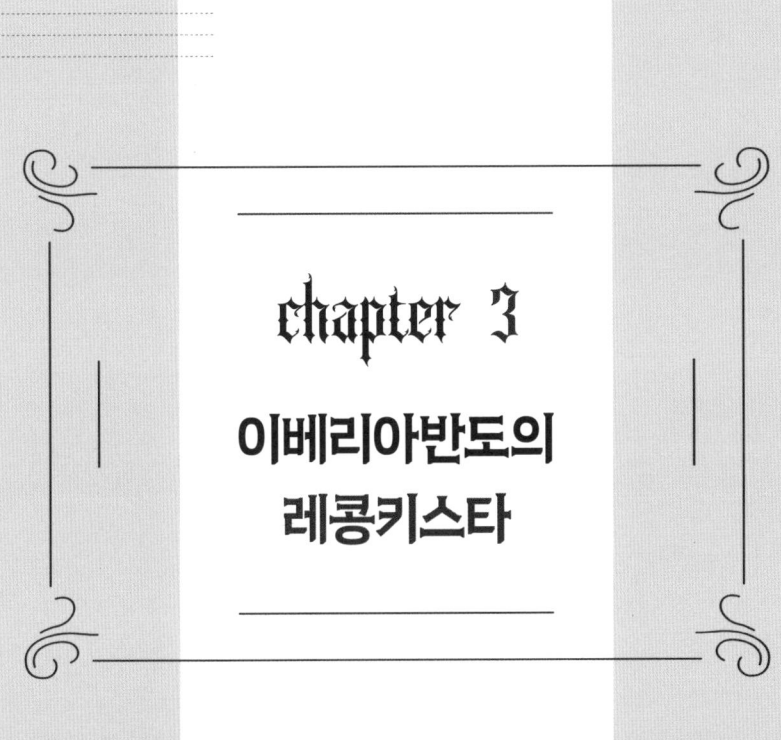

chapter 3
이베리아반도의 레콩키스타

CHAPTER 03

ROOTS 01

무함마드, 알라의 계시를 받고 **이슬람교**를 창시하다

　아라비아반도의 사막지대에서 유목 생활을 하던 아랍인들의 종교는 여러 부족으로 나뉘어 각기 다른 신을 믿는 우상숭배의 다신교였다. 이슬람교는 7세기 초에 아라비아반도 서쪽의 메카에서 탄생했다.

　당시 아라비아반도 북쪽에서는 서쪽의 비잔틴 제국(395~1453)과 동쪽의 사산조 페르시아(226~651)가 오랫동안 다툼을 벌이고 있었기 때문에 동서 교역 상인들은 혼란스러운 전쟁 지역을 피하기 위해 기존 경로를 변경했다.

　교역 상인들이 반도 서부의 홍해 연안에 면한 히자즈 지방을 경유하는 새로운 루트를 택한 결과, 메카와 메디나가 상업 도시로 번영한 반면에 빈부 격차는 점점 더 커지게 되었다.

　이런 상황에서 메카의 상인 가정에서 무함마드가 태어났다. 그가 마흔 살쯤에 메카 외곽의 동굴에서 명상을 하고 있을 때 나타난 대천사 가브리엘로부터 알라(이슬람교의 유일신)의 계시를 받고 예언자로서 이슬람교를 창시했다.

❖ 예언자란 'pro(미리)+phet(말하는 사람)'

'예언자'란 신의 말씀을 맡은 자, 즉 신으로부터 말씀을 위임받아 백성이나 시대의 통치자인 왕에게 신의 뜻을 전하는 사람을 말한다.

'예언자'는 영어로 prophet이며, 라틴어의 '대변자' propheta에서 유래했다. 어원이 'pro(미리)+phet(말하는 사람)'이기 때문에 미래를 말하는 사람인 점에서 '예언자'라는 뜻으로 해석할 수 있다. the Prophet 라고 대문자로 쓰면 이슬람교의 창시자 '무함마드'를 가리킨다.

이슬람교도는 특별한 사정이 없는 한 일생에 한 번은 메카(Mecca)를 방문해야 한다고 하는데, 메카는 아랍어로 '성지'라는 뜻이다.

무함마드는 예언자로서 메카에서 선교를 시작했으나 상인들의 박해를 받아 622년 7월 16일 메디나로 이주한다. 이 이주를 아랍어로 '히즈라'라고 하는데, 이 날짜가 이슬람력 원년 1월 1일이 된다. '히즈라'는 '헤지라'라고도 한다.

Hijrah는 아랍어이고 Hegira는 라틴어이며, 둘 다 '출발'을 뜻하는 단어다.

메디나로 이주한 무함마드가 이슬람 공동체인 움마(ummah)를 창설하고 630년 메카에 무혈 입성하자 아랍의 여러 부족이 차례로 귀순하면서 아라비아반도는 종교적, 정치적으로 통일된다.

유일신 알라 앞에서는 빈부의 차이를 넘어 평등하다는 것, 신부·목사·승려 등 성직자를 두지 않는다는 것, 부자가 가난한 자에게 자선을 베풀어야 한다는 것 등이 이슬람의 교리인데, 이것이 아랍인들의 마음을 사로잡았을 것이다.

❖ 경전 코란은 '암송해야 할 것'

이슬람교에서 'Islam(이슬람)'은 아랍어로 '신의 뜻에 모든 것을 맡긴다', 이슬람교도인 '무슬림(Muslim)'은 '유일신 알라에게 복종하는 자', 무함마드의 언행을 정리한 성전인 'Koran(코란)'은 '소리내어 읽고 암송해야 할 것'이라는 뜻이다.

❖ 이슬람의 가르침 '라마단'의 의미

이슬람의 가르침에 '육신오행(六信五行)'이라는 것이 있다. 육신은 무슬림이 가져야 할 6가지 신념, 오행은 실천해야 할 5가지 의무이다. 5가지 의무에는 앞서 언급한 부자가 가진 돈의 일부를 가난한 사람에게 기부하는 자카트(Zakat)와 일생에 한 번은 해야 하는 메카 순례(하지Hajj) 외에 하루 5번의 예배(살라Salah), 라마단 기간의 단식(사움Sawm) 등이 포함된다.

라마단은 아랍어로 '작열(灼熱)'이라는 뜻으로, 이슬람력으로 9번째 달(서력 3~5월)의 일출부터 일몰까지 금식을 해야 한다는 규정이다. 배고픔을 경험함으로써 굶주린 사람들의 마음을 이해하고 가난한 사람들과 평등을 나누는 것이 목적이다.

코로나 사태 이전에는 매년 약 200만 명의 무슬림이 하지를 위해 방문했다. 이 시기에는 다양한 행사가 열리는데, 매년 그맘때가 되면 메카 중심부에 있는 카바 신전 주변에 하얀 옷을 입은 남녀가 북적이는 장관이 연출된다.

아랍어로 '카바(Kaaba)'는 '정육면체'라는 뜻으로, 신도들은 약 15

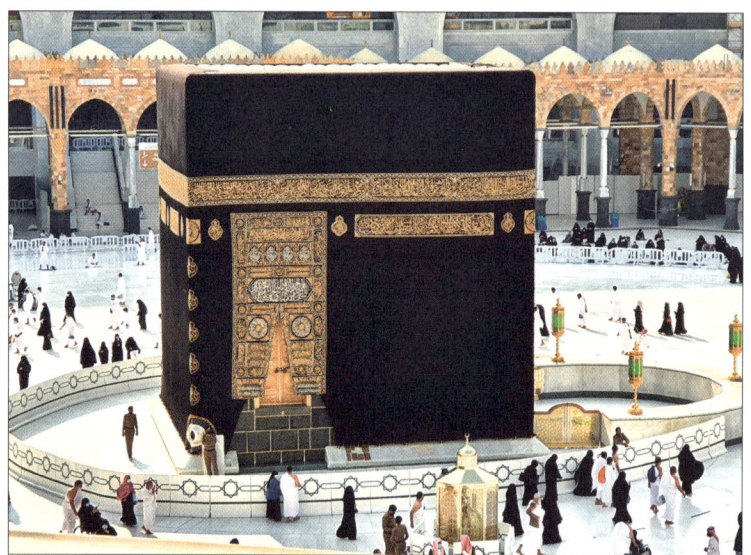

사우디아라비아 메카의 카바 신전을 돌고 있는 이슬람 신도들. ⓒ 위키피디아

미터 높이의 신전을 시계 반대 방향으로 일곱 번 돌게 되어 있다.

참고로 카바 신전은 이슬람교가 성립되기 이전부터 존재했던 것으로, 당시에는 이 신전 주변에 각 부족이 숭배하는 신의 신상 등이 놓여 있었다고 한다. 이는 아랍 사회가 한때 다신교였음을 말해준다.

필자는 대학생 시절 런던에서 한 달 정도 홈스테이를 한 적이 있다. 유럽 여러 나라 사람이 10명 정도 모여 사는 하숙집 같은 영국 가정이었는데, 그중에 레바논에서 온 남성이 있었다.

어느 날 저녁 식사 때 우연히 내 옆에 앉은 그가 "나라에서 송금이 늦어지고 있으니 돈을 좀 빌려달라."고 해서 5파운드 정도 빌려주었다. 당시 환율로 3만 원 정도에 해당하는 금액으로, 가난한 학생이었던 나에게는 큰돈이었다.

저녁 식사를 마치고 거실에서 쉬고 있는데 이탈리아 사람이 "저 사람한테 돈을 빌려주면 돌려받지 못할 거야."라고 말했다. 실제로 귀국할 때까지 그 돈은 돌려받지 못했다. 곤경에 처한 사람에게 도움의 손길을 내미는 것이 무슬림의 의무임을 알게 된 것은 그로부터 한참 후였다.

CHAPTER 03

ROOTS 02

이베리아반도에 침입하는 이슬람 세력

2001년의 이른바 '9.11 테러' 이후 자주 듣게 된 아랍어 중 하나가 '성전'을 뜻하는 '지하드(jihad)'다. 이슬람교나 이슬람교도를 박해하는 이교도들과 싸우는 것은, 코란에도 나와 있듯이 그들의 의무이다.

이슬람군은 지하드에서 전사해도 천국에 갈 수 있다고 굳게 믿었기 때문에 전장에 나가서도 두려움 없이 용감하게 싸웠다. 그 결과 서아시아 국가들을 차례로 정복하게 된다.

661년 시리아 다마스쿠스에 건국한 우마이야 왕조는 8세기 중반까지 지속되었고, 이후 750년에 일어난 압바스 왕조는 762년부터 바그다드를 중심으로 세력을 확장해나갔다.

8세기 중반까지는 정복자인 아랍인이 우대받는 국가였기 때문에 일반적으로 '아랍 제국'으로 불리다가, 이후 이란인과 튀르키예인 등 비아랍계 이슬람교도도 동등하게 대우받는 단계에 접어들면서 '이슬람 제국'으로 불리게 된다.

압바스 왕조는 1258년 칭기즈칸의 손자인 훌라구가 이끄는 몽골군에 의해 멸망하지만, 1299년 중앙아시아에서 이주해 온 튀르키예인을 중심으로 소아시아라고도 하는 아나톨리아에 이슬람 왕조가 건국된다.

이 왕조는 오스만 제국으로서 발칸반도와 지중해까지 진출하고 16세기에 전성기를 맞이함으로써 유럽 기독교 세계에 큰 위협이 되었다.

❖ 지브롤터 해협에 이름을 남긴 이슬람 장군들

아랍 제국 시대에 이슬람군은 서쪽의 북아프리카로 세력을 확장하면서 이집트와 모로코로 지배 영역을 넓히고 711년에는 지브롤터(Gibraltar) 해협을 건너 이베리아반도 남부로 침입해 서고트 왕국을 멸망시켰다. 앞서 언급했듯이 서고트 왕국은 5세기에 게르만인의 일파인 서고트족이 이베리아반도에 건설한 기독교 국가였다.

지브롤터(Gibraltar)의 어원은 아랍어로 '타리크의 바위'를 뜻하는 Jabal al-Tariq(자발 알 타리크)에서 유래했다. 타리크는 711년 이 해협을 건넌 이슬람 장군의 이름이다.

이후 이베리아반도는 이슬람교도의 지배를 받게 된다. 이슬람교도라고 해도 아랍인은 소수의 지배층뿐이었고, 대부분은 아랍어와는 다른 베르베르어를 사용하는 베르베르인들이었다. 그들은 이집트 서쪽의 북아프리카 지중해 연안 일대(현재의 모로코, 알제리, 튀니지)에 살던 사람들이었다.

현재 이들 국가에서는 아랍어가 주류이며, 베르베르어는 산간 지역의 가정에서만 사용되고 있다. 당시 유럽에서는 베르베르인을 비롯해 이베리아반도를 정복한 이슬람교도를 '무어인(the Moors)'이라고 불렀다. Moor는 라틴어로 '마우레타니아(Mauretania)의 주민'이라는 뜻을 가진 Maurus(마우루스)가 어원이며, 일부 사람들은 Moor가 그리스어 Mauros(피부가 검은 사람)에서 유래한 것으로 추정하기도 한다.

엄밀히 말하면 무어인의 피부색은 순수한 검은색이 아닌 연한 검은색이었다. 마우레타니아라는 지명은 지금도 아프리카 북서부의 이슬람 공화국 '모리타니아(Mauritania)'에 남아 있다.

✤ 모로코(Morocco)의 어원

모로코(Morocco)의 어원은 베르베르어로 '요새'나 '성채'를 뜻하는 Marrakesh(마라케시=모로코 중부의 도시명)의 발음이 변한 것이며, 아랍어로는 '가장 서쪽에 있는 땅'이라는 뜻의 Maghrib-al-Aqsa(마그리브 알 아크사)에서 유래했다. 영어로 '습지'나 '들판'을 뜻하는 무어(moor)와는 어원이 다르다.

CHAPTER 03

ROOTS 03

레콩키스타,
기독교인의 땅을 되찾다

이슬람 세력은 침입 후 불과 5년 뒤인 716년 이베리아반도를 거의 다 정복한다. 서고트 귀족들은 대부분 화형에 처해졌지만, 펠라요(Don Pelayo, ?-737)는 반도 북서쪽 산간 지역으로 피신할 수 있었다. 그는 718년 아스투리아스 왕국을 건국하고, 722년 코바동가 전투에서 이슬람군을 격파한다.

당시 이슬람군은 피레네산맥을 넘어 이웃 나라 프랑크 왕국으로 침입을 시도하는 바람에 코바동가 전투에 집중하지 못한 것이 패배의 원인이었다고 한다.

아스투리아스 왕국이 건국된 718년은 역사적으로 스페인어로 '재정복'을 뜻하는 '레콩키스타(Reconquista)'가 시작된 해이다. '레콩키스타'는 세계사 교과서에서는 '영토회복운동'으로 번역되어 있는데, 이는 기독교인의 땅이었던 곳을 이슬람으로부터 되찾으려는 운동을 말한다.

이 운동은 이슬람교 국가인 나스르(Nasrid) 왕조의 그라나다가 함락된 1492년까지 약 800년 가까이 지속된다.

❖ conquest(정복)는 적의 소유물을 모두 빼앗는 것

스페인어 Reconquista(레콩키스타)는 영어로는 Reconquest로 어원은 're(다시)+con(완전히)+quest(요구하다)'이다. conquest(정복)는 적의 소유물을 '모조리 요구하다'에서 나온 단어이며, 동사형인 conquer는 '정복하다'이다.

❖ quest(탐구)와 어원이 같은 question(질문), request(요청)

1986년에 닌텐도에서 발매한 '드래곤 퀘스트'의 명칭의 유래는 '용(龍)을 찾는 것(quest)'이며, 시리즈 1편은 용왕을 찾아내 납치된 로라 공주를 구출하는 것을 목적으로 하는 롤플레잉 게임이다. quest는 '탐구', '추구'라는 뜻이다. '드래곤 퀘스트'는 미국에서는 3년 뒤인 1989년 'Dragon Warrior(용의 전사)'라는 이름으로 출시되었다.

상대에게 답을 요구하는 '질문'이나 '문제'인 question은 동사라면 '질문하다', questionnaire(퀘스처네어)는 프랑스어에서 유래한 단어로 '설문지', query는 격식을 차린 명사로 '질문', '의혹', 동사로는 '질문하다, 의문을 품다', request는 '다시(re) 요구하다'에서 '간청하다, 요청하다'가 된다.

참고로 '앙케트'는 프랑스어로 '조사', '수사', '여론조사'를 뜻하는 enquête에서 유래했다.

이들 영어 단어는 라틴어로 '구하다', '찾다'라는 뜻의 quaerere

그라나다의 함락. 왼쪽에 말을 탄 이가 나스르 왕조의 마지막 술탄인 무함마드 12세이고, 오른쪽에 말을 탄 이들이 페르난도 왕과 이사벨라 여왕이다.

에서 유래했으며, when(언제), where(어디서), who(누가), what(무엇을), why(왜), which(어느 것을), how(어떻게) 등의 의문사의 근간이 되는 인도유럽조어인 kwo(쿼)로 거슬러 올라갈 수 있다. 발음이 비슷한 quality(질), quantity(양), quote(인용하다), quotation(인용) 외에 연극 무대에서 배우의 대사나 움직임, 음향이나 조명 조작 등의 타이밍, 즉 '언제(when)'를 알려주는 '신호'인 '큐(cue)'도 같은 계열의 단어다.

우리는 이슬람교라 하면 다른 종교를 전혀 인정하지 않는 야만적이고 시대에 뒤떨어진 종교로 보는 경향이 있는데, 그렇게 된 데에는 서구 언론 매체의 영향이 크다고 볼 수 있다.

실제로 이베리아반도가 이슬람교도에 의해 지배를 받긴 했지만 기독교인들은 토지 사용료나 인두세를 내면 자유롭게 기독교를 믿

chapter. 3 : 이베리아반도의 레콩키스타   133

을 수 있었고, 토지 소유와 기존의 법도 인정받았기 때문에 양자는 비교적 평화롭게 공존했다.

그러나 1031년에 이슬람 제국인 후(後)우마이야 왕조의 붕괴와 함께 이베리아반도 내의 이슬람 세력이 분열되면서 레콩키스타가 활발해지기 시작했다.

오래전부터 세력을 확장해온 아스투리아스 왕국은 910년에 레온으로 수도를 옮겨 레온 왕국이 되었다. 그리고 레온 왕국에서 갈라진 '카스티야(Castilla)'가 레콩키스타의 중심 세력으로서 이베리아반도 중부까지 진출해 1035년 카스티야 왕국이 되었고, 2년 후 레온 왕국과 연합해 1085년 서고트 왕국의 수도였던 톨레도 탈환에 성공했다.

카스티야 왕국은 이후 1230년에 레온 왕국을 완전히 병합하고, 코르도바, 세비야에 이어 1343년에 알헤시라스(Algeciras)를 탈환했다. 참고로 1143년에 카스티야 왕국에서 분리된 포르투갈 왕국은 이후 남쪽으로 세력을 확장해 1249년에 남부의 파로(Faro)와 실베스(Silves)를 탈환하며 가장 먼저 레콩키스타를 이룩했다.

CHAPTER 03

ROOTS 04

아라곤 왕국과
카탈루냐 군주국의 연합 국가

　카스티야 왕국이 성립된 1035년에 이베리아반도 북동부에 성립된 아라곤 왕국이 프랑크 왕국으로부터 독립한 카탈루냐 군주국과 1137년에 연합 왕국을 형성했다. 이렇게 반도의 기독교 국가들은 빠르게 발전하며 레콩키스타를 추진해갔다.

　프랑크 왕국은 732년 투르 푸아티에 전투에서 피레네산맥을 넘어 침입해 온 이슬람 군대를 격퇴하고 산맥 남쪽 지역을 이슬람 세력으로부터 탈환한다.

　그 후 이슬람 세력의 재침략에 대비해 당시 카를 대제는 이 지역 일대를 스페인 변경(마르카 이스파니카Marca Hispanica)으로 지정했다. 카탈루냐 군주국은 이 스페인 변경 내에서 바르셀로나 백작의 지배령을 중심으로 형성된 여러 백작령의 연합체였다.

　현재 카탈루냐의 주도인 바르셀로나에서는 스페인어뿐만 아니라 카탈루냐어가 공용어로 사용되고 있다. 그 지방 사람들은 카탈루냐

인으로서의 민족의식이 강하다. 카탈루냐 자치회의는 지난 2017년에 카탈루냐 공화국으로 독립을 선언했지만 스페인 헌법재판소가 그것을 무효로 판결한 바 있다. 카탈루냐어도 로망스어 가운데 하나이다.

❖ 사그라다 파밀리아는 Sacred Family Church(성가족 교회)

바르셀로나의 랜드마크인 '사그라다 파밀리아(Sagrada Família)'는 카탈루냐어로 '성가족 교회', 영어로는 Sacred Family Church이다.

❖ 카스텔라의 어원은 '카스티야 왕국의 과자'

'카스텔라'의 어원에 대해서는 여러 설이 있지만, 15세기에서 16세기에 걸쳐 포르투갈 상인에 의해 총포, 기독교와 함께 일본에 전해졌으며 포르트갈어 '볼루 데 카스텔라(Bolo de Castella)'=스페인 '카스티야 왕국의 케이크'에서 유래되었다는 설이 유력하다.

밀가루에 달걀과 설탕을 섞어 가볍게 구운 '보로(ボーロ)'라는 일본 쿠키도 포르투갈어 bolo(볼루)가 어원이다.

❖ 카스티야 왕국의 문장에 성(castle)이 그려져 있는 이유

카스티야 왕국의 문장에는 성이 그려져 있다. 카스티야(Castilla)는 라틴어로 '성' 또는 '요새'인 castella에서 유래했으며, '성'을 뜻하는 영어 castle이나 프랑스어 chateau(샤토)와 같은 계통의 단어다. 즉, 카스티야 왕국의 이름은 이슬람 군대에 맞서는 '기독교인의 요새'라는 뜻

신대륙에 도착한 크리스토퍼 콜럼버스가 카스티야 왕국의 깃발을 들고 있다. 깃발에는 카스티야 왕국의 문장인 성이 그려져 있다. '카스티야(Castilla)'는 라틴어로 '성' 또는 '요새'를 뜻하는 castella에서 유래했다.

을 가지고 있다.

참고로 영국의 지명 맨체스터(Manchester), 윈체스터(Winchester), 체스터필드(Chesterfield), 레스터(Leicester), 글로스터(Gloucester) 등에 쓰이고 있는 chester나 cester는 라틴어로 '로마의 도시나 요새'를 뜻하는 castra에서 유래한 것으로, 이들 도시가 고대 로마인들에 의해 건설되었음을 나타낸다.

CHAPTER 03

ROOTS 05

로마 시대의 수도교가 남아 있는 세고비아

이베리아반도는 서고트족보다 훨씬 전에 로마 제국이 지배했는데, 기원전 1세기에 현재의 수도 마드리드에서 북서쪽으로 약 70킬로미터 떨어진 카스티야 이 레온(Castilla y León)주의 세고비아에 2층 수도교를 건설했다. 2,000여 년 전에 건설된 다리가 여전히 우뚝 솟아 있는 풍경은 그야말로 압권이다.

수도교 주변에는 디즈니 애니메이션 「백설공주」에 나오는 성의 모델로 알려진 '세고비아성'으로 불리는 알카사르(Alcázar) 왕궁이 있어 수도교와 함께 관광명소로 자리 잡고 있다.

❖ **이베리코 돼지의 이베리코는 이베리아반도에서 유래했다**

세고비아의 명물 요리인 새끼돼지 통구이는 일품이다. 참고로 돼지 품종이나 돼지고기를 가리키는 '이베리코 돼지'의 '이베리코(Ibérico)'는 '이베리아반도(Ibérian Peninsula)'의 이베리아에서 유래했다.

1838년 무렵에 세고비아의 알카사르 왕궁을 그린 그림.

CHAPTER 03

ROOTS **06**

파에야를 낳은 도시,
발렌시아는 강하다?

오렌지로 유명한 '발렌시아(Valencia)'는 스페인의 수도 마드리드와 카탈루냐의 주도 바르셀로나에 이어 스페인에서 세 번째로 큰 도시이며, 파에야의 발상지로도 유명하다.

✣ 파에야는 프라이팬을 의미했다

스페인 볶음밥이라 할 수 있는 '파에야(paella)'는 카탈루냐어로 양쪽에 손잡이가 달린 납작한 '프라이팬(frying pan)'에서 유래했으며, 이베리아반도에 벼농사와 사프란(saffron)을 들여온 아랍인에게서 비롯된 것으로 알려져 있다.

8세기에 발렌시아에 정착한 이슬람교도들은 발렌시아 교외에서 벼농사를 짓기 시작했다. 이때 논 주변에서 잡은 토끼나 닭의 고기와 채소에 사프란을 넣고 밥을 지은 요리가 파에야의 원형이다. 이후에 지중해산 어패류 등도 사용하게 된다. 이런 배경 때문에 발렌시아식

파에야는 닭고기와 채소가 주재료다.

사프란의 원산지는 지중해 동부 연안 또는 이란, 인도라고 하는데, 그것을 스페인에 들여온 이들이 아랍인이라는 것은 틀림없다. 파에야는 종류가 다양한데, 쌀뿐만 아니라 파스타를 사용한 것도 있는 것 같다.

✢ 오징어(squid)는 '(먹물을) 뿜어내는(squirt) 것'

'오징어 먹물'은 영어로 squid ink라고 하는데, '오징어'를 뜻하는 squid는 '(먹물을) 분출하는(squirt) 것'이 어원이다. squid에는 살오징어, 빨강오징어, 화살오징어, 매오징어 등 다양한 종류가 있으며, '갑오징어'인 cuttlefish와 구별된다.

✢ 세피아색의 세피아는 '오징어 먹물로 만든 갈색 안료'

'적갈색으로 바랜' 듯한 색깔을 보통 '세피아색'이라고 표현하는데, '세피아(sepia)'는 '오징어 먹물로 만든 갈색 안료'를 뜻하며, 라틴어나 그리스어의 '참갑오징어(sepia)'에서 유래했다.

✢ 발렌시아의 어원 val(힘)에서 탄생한 뜻밖의 단어

'발렌시아(Valencia)'는 '성채'나 '요새'라는 뜻이다. 그 어원은 라틴어로 '힘'을 뜻하는 valentia에서 유래했으며, 인도유럽조어로 '강하다'라는 뜻의 wal로 거슬러 올라갈 수 있다. '밸런타인데이'를 만든 성

'발렌시아(Valencia)'는 라틴어로 '힘'을 의미하는 valentia에서 유래했으며 '성채'나 '요새'라는 뜻이다. 1563년에 그려진 발렌시아의 전경.

밸런타인(St. Valentine)도 같은 어원이다.

val과 vail은 '가치'나 '힘'이라는 뜻으로 value(가치), valuable(가치 있는), valid(유효한), invalid(효력 없는, 병약자), valor(용기), valiant(용감한), evaluate(평가하다), equivalent(동등한), prevail(만연하다, 팽배하다), prevalent(일반적인, 널리 퍼져 있는), available(이용할 수 있는) 등도 같은 계열의 단어다.

그 밖에 앞에서 언급한 러시아 푸틴 대통령의 이름인 '블라디미르(Vladimir)는 슬라브어 'vlasti(힘=지배)+miru(평화)'에서 유래하여 '평화로운 세계의 지배자'를 뜻하며, 스코틀랜드를 대표하는 시인이자 소설가인 월터 스콧(Walter Scott)의 Walter(강한 군대) 등도 같은 어원에 속한다.

이름 끝에 붙는 '지배자'라는 뜻의 ard나 ord도 같은 어원이다. '도널드(Donald)'는 '세계의 지배자', '아놀드(Arnold)'는 '독수리의 힘을 가진 지배자', '제럴드(Gerald)'는 '창을 가진 지배자', '해럴드(Harold)'는 '무기를 가진 지배자', '로널드(Ronald)'는 '신성한 힘을 가진 지배자'에서 유래했다.

참고로, McDonald(맥도널드)는 '도널드의 아들'이라는 뜻의 성으로, 조상이 아일랜드인 또는 스코틀랜드인임을 알 수 있다.

CHAPTER 03

ROOTS 07

톨레도,
이슬람과 기독교가 공존한 곳

　레콩키스타가 진행되는 동안 스페인이 탈환한 지역에 거주하던 이슬람교도인 무어인들은 가톨릭의 지배 아래 비교적 평온한 삶을 살았다. 기독교 측 지배자에게 세금을 내는 대신 이슬람 신앙과 관습을 지키는 것이 허용되었기 때문이다.

　무어인들 중에 '무데하르(Mudéjar)'라고 불리는 수공업과 건축업에 뛰어난 기술을 가진 사람들이 있었는데, 이들은 왕족과 귀족들에게 많이 고용되었다. 무데하르는 아랍어로 '잔류자'라는 뜻으로, 무데하르 양식은 기독교 건축 양식에 이슬람 문화 요소를 가미한 중세 스페인의 건축 양식을 말한다.

　톨레도는 탈환 이후에도 기독교 문화와 이슬람 문화의 접점으로 문화 교류의 장이 되었다. 지금도 두 문화의 융합을 잘 보여주는 톨레도 요새 안의 무데하르 양식 건축물은 스페인 관광에서 빼놓을 수 없는 볼거리로 꼽힌다.

　'톨레도(Toledo)'의 어원은 켈트어로 '언덕'이라는 뜻이다.

1572년에 제작된 지도첩인 『세상의 모든 도시(Civitates orbis terrarum)』에 그려진 톨레도 전경. 톨레도(Toledo)는 켈트어로 '언덕'에서 비롯되었다.

    톨레도에서 유명한 것은 '다마스키나도(damasquinado)'라는 금은 상감(象嵌) 세공 공예품인데, 이 이름은 이슬람 문화에서 최고의 장식 공예가 탄생한 시리아 다마쿠스의 지명을 따서 붙여진 것이다.

CHAPTER 03

ROOTS **08**

세르반테스와 벨라스케스는 **기독교 개종자**였다

    레콩키스타는 표면적으로는 기독교도와 이슬람교도의 대결 구도였지만, 제3세력으로서 이슬람으로부터 탈환한 지역에 살던 유대인들의 존재도 무시할 수 없다. 그들은 히브리어로 '스페인 사람'이라는 뜻의 '세파르디(Sephardi, 복수형은 세파르딤Sephardim)'로 불렸다.

    이슬람교도가 유대인에 대해 비교적 관대했기 때문에 유대인들도 이슬람 세력과 거의 비슷한 시기에 이베리아반도로 이주해 왔는데, 특히 남부 코르도바에서는 상인으로서 역량을 발휘하며 지식인으로서도 많이 고용되었다. 유대인을 위한 교회당인 '시나고그'의 건축도 허용되었다.

    세파르디는 오랫동안 이슬람의 지배를 받았기 때문에 아랍인과의 혼혈이 많아 피부색이 거무스름한 것이 특징이었다. 부유하고 교양 있는 유대인 중에는 궁정이나 정부 요직에 진출하거나 고액의 지참금을 가지고 귀족과 혼인관계를 맺어 상류사회에 진출하는 경우도 있었기 때문에 레콩키스타가 진행되는 동안 기독교인들의 유대인 차

별은 비교적 적었다.

그러나 레콩키스타가 끝나가면서 부유한 생활을 하는 유대인들에 대한 기독교도의 불만으로 박해가 심해진다. 특히 1348년 이베리아반도에서 발생한 흑사병(페스트)의 대유행으로 유대인 박해가 더욱 심해진다. 박해가 정점에 이른 것은 1391년 세비야에서 유대인을 습격한 사건으로, 이를 계기로 박해는 봇물 터지듯이 이베리아반도 전역으로 퍼져나가 약 7만 명의 유대인이 학살당했다.

유대인 중에는 박해를 피해 기독교로 개종하는 이들도 있었는데, 이들은 '신교도(New Christian)'로 구별되어 스페인어로 '개종자'라는 뜻의 '콘베르소(converso)'라고 불렸다. 또한 기독교인들로부터 '돼지새끼'라는 뜻으로 '마라노(Marrano)'라고 불리기도 했다.

당시 10~15만 명의 유대인이 기독교로 개종했다고 한다. 콘베르소 가운데는 박해를 피하기 위해서 겉으로는 개종한 척하면서 은밀하게 유대교 신앙을 지키는 이른바 '숨은 유대교도'도 있었다. 마라노는 그런 사람들을 가리키는 경멸적인 호칭이기도 했다. 이슬람교와 유대교에서 돼지고기를 부정한 것으로 간주해 금지하고 있듯이, Marrano라는 단어는 아랍어로 '금기'를 뜻하는 무하람(muharram)이 그 어원이다.

❖ 무슬림이 먹는 것을 금하는 '하람'과 '하렘'의 어원이 같은 이유는?

아랍어 haram(하람)은 '금지된 것'이라는 뜻으로, 영어의 '하렘(harem)과 어원이 같다. 일본에서 '하렘'은 한 남성이 여러 명의 여성

18세기 하렘의 풍경. '금지된 장소'를 뜻하는 하렘은 아랍어 하람에서 왔다.

을 시종으로 거느리는 장소를 가리키지만, 사실 harem은 '금지된 장소'가 원래 뜻으로 친족을 제외한 남성의 출입이 금지된 여성들의 공간을 말한다. '하람(haram)'의 반대말인 '할랄(halal)'은 '신이 허락한 것'을 뜻하며, '할랄 푸드(halal food)'는 무슬림이 먹어도 되는 음식을 뜻한다.

기독교 개종자인 콘베르소 중에는 문화인과 교양인도 많았다. 그중에는 『돈키호테』의 작가 미겔 데 세르반테스, 바로크 화가 디에고 벨라스케스, 예수회 창립자들 중 한 명인 디에고 라이네스(Diego Laynez) 등이 있다.

가톨릭교회는 '숨은 유대인'인 마라노에 대한 탄압을 강화하게 되는데, 이것이 '스페인 이단 심문(Spanish Inquisition)'으로 불리는 종교재

148　영단어 세계사

스페인 최초의 대심문관이었던 토마스 데 토르케마다. 그 자신이 콘베르소(기독교 개종자)였던 토르케마다는 자신의 개종의 진정성을 증명하기 위해 수많은 사람을 화형에 처했다.

판의 시작이다. 일단 종교재판에 회부되면 자백할 때까지 고문이 계속되고, 결국 화형에 처해지는 경우가 대부분이었기 때문에 진정한 콘베르소도 자신이 '숨은 유대인'으로 의심받을까 언제나 두려움에 떨었다.

그런 상황에서 초대 대심문관으로 임명된 사람이 도미니카회 수도사 토마스 데 토르케마다(Tomás de Torquemada)였다. 그 역시 콘베르소였는데, 자신이 진정한 개종자임을 보여주기 위해 8,000~1만 명의 마라노를 화형에 처한 것으로 알려져 있다. 그는 숨어 있던 유대인들이 자백하고 화형에 처해지기까지 일련의 과정을 쇼처럼 만들어 기독교인들에게 보여줬다고 한다.

✜ converter(개종자)와 함께 외우고 싶은 영어 단어

'콘베르소'는 영어로 converter(개종자, 변환기)다. convert는 어원이 'con(함께)+vert(방향을 바꾸다)'로 '바꾸다, 개종시키다'를 뜻한다.

vert는 라틴어 vertere(구부러지다, 향하다, 돌다)에서 유래한다. invert는 안으로(in) 굽혀서 '반대하다, 뒤집다', subvert는 아래로(sub) 향해 '전복시키다', introvert는 안으로(intro) 향하므로 '내성적인 (사람)'을 뜻한다. extrovert는 바깥쪽(extro)을 향하므로 '외향적인 (사람)', divert는 방향을 바꾸어 떠나다(di)에서 '방향을 바꾸게 하다, 우회시키다', vertebrate는 구부러진 척추를 가진 '척추동물(의)'이 된다. 관련 단어인 diverse(다양한), diversify(다양화하다), diversity(다양성)도 함께 기억해두면 좋다.

그 외 universe는 한 점을 중심으로 도는 '우주', university는 교수와 학생이 한 곳을 마주 보는 이미지에서 '대학', versus는 서로 마주 보고 있는 모습에서 the Giants versus the Tigers라면 '자이언츠 대 타이거즈'가 된다. versatile은 방향을 바꿀 수 있기 때문에 '다재다능한, 범용성이 있는', conversation은 서로 마주 보고 하는 '대화', controversy는 대립해(contro) 마주 보고 하는 '논쟁'의 의미가 된다.

✥ Inquisition(이단 심문)과 함께 외우고 싶은 영어 단어

Inquisition(이단 심문)의 원래 의미는 '혹독한 심문'이지만, 레콩키스타(Reconquista)와 같은 계열의 단어로서 어원은 'in(안으로)+quaerere(요구하다)+tion(것)'이다. 동사형 inquire는 '묻다', '조사하다', 명사형 inquiry는 '질문', '조사', inquisitor는 '심문관'이며 대문자로 써서 Inquisitor로 표기하면 '이단 심문관', '종교 재판관'이 된다.

require는 're(다시)+quaerere(요구하다)'에서 '필요로 하다', '요구하다'가 된다. 참고로, 연이은 질문 공세에 시달릴 때 유머를 섞어 "The Spanish Inquisition?(어, 또 질문?)"이라고 답하는 표현이 있다.

CHAPTER 03

ROOTS 09

에스파냐는
로마의 속주 '히스파니아'에서 왔다

    이런 사회 분위기 속에서 1469년에 카스티야 왕국의 이사벨 여왕은 아라곤 왕국의 왕자 페르난도와 당시 왕족 간에 극히 드물었던 연애결혼을 하게 된다. 왕자가 페르난도 2세로 즉위한 1479년 양국이 연합해 오늘날과 같은 에스파냐 왕국의 토대가 마련된다.

    '에스파냐'라는 국명은 그 땅이 과거 로마의 속주로서 '히스파니아(Hispania)'라고 불렸던 데서 유래한다. 라틴어인 Hispania는 스페인어로는 h가 묵음이므로 '이스파니아'가 되었고, 다시 스페인어로 España(에스파냐)로 바뀌었다.

    영어의 Spain(스페인)이나 Spanish(스페인의)라는 단어가 사용되기 시작한 것은 12세기 이후다. 현대 영어의 Hispanic(히스패닉)은 자주 쓰이는데, 명사로는 '라틴아메리카계 사람', '스페인어를 사용하는 사람', 형용사로는 '라틴아메리카계의', '스페인계의'라는 뜻이다.

    여담이지만 필자는 스페인이라는 단어를 들으면 왠지 모르게 영

chapter. 3 : 이베리아반도의 레콩키스타   151

화 「마이 페어 레이디(My Fair Lady)」가 떠오른다. 히긴스 교수는 주인공 일라이자의 발음을 교정하기 위해 여러 번 발음 연습을 시키는데, 그때 나오는 문구가 "The rain in Spain stays mainly in the plain(스페인의 비는 주로 평원에 내린다)."이다. 운율이 좋고, 참 기분 좋게 들리는 영문이다.

CHAPTER 03

ROOTS **10**

레콩키스타의 완료,
무슬림과 유대인은 **또 쫓겨났다**

　카스티야 왕국과 아라곤 왕국의 동군연합(同君聯合, Personal union)이 세력을 확대하자 마지막까지 저항하던 이슬람교 국가 나스르 왕조의 마지막 보루였던 그라나다가 1492년에 함락되었다. 이로써 레콩키스타는 완료된다.
　그해에 이사벨 여왕과 페르난도 국왕은 유대인에게 가톨릭으로 개종할 것을 강요하고, 이를 거부하는 자들에게는 추방령을 내렸다. 그들은 유대인들에게 넉 달 동안의 유예 기간을 주었고, 그래도 개종하지 않는 자는 전 재산을 몰수하고 국외로 추방했다. 그 결과 많은 유대인이 북아프리카를 거쳐 오스만 제국 등 이슬람 세계나 이웃 나라 포르투갈로 도망쳤다.
　하지만 1580년에는 포르투갈도 스페인에 합병되었기 때문에 포르투갈에도 추방령이 적용되었다. 그러자 유대인들은 당시 스페인의 영토이자 스페인으로부터 독립운동을 벌이고 있던 네덜란드의 암스테르담으로 피신했다. 금융업에 능한 유대인들의 이주에 힘입어 네덜란드는 훗날 국제 금융의 중심지가 된다.

❖ expel(추방하다)의 어원에서 탄생한 영어 단어

'추방령'은 스페인어로 orden de expulsión, 영어로는 expulsion order가 된다. 동사형 expel(추방하다)은 라틴어 'ex(밖으로)+pel(몰아내다)'가 어원으로, 이는 다시 인도유럽조어인 pel(치다, 누르다, 몰아내다)로 거슬러 올라갈 수 있다.

pulse(펄스)는 '맥이 뛰다', '맥박', impulse는 '마음을 때리는 것'에서 '충동', 동사형인 impel은 '강요하다', propeller(프로펠러)의 동사인 propel은 'pro(앞으로) 밀다'에서 '추진하다, 밀어붙이다', compel은 'com(함께) 몰아내다'에서 '강요하다', 형용사형 compulsory는 '강제적인'이며, compulsory education이라면 '의무교육'이다. dispel은 '멀리(dis) 밀다(pel)'에서 '떨쳐버리다, 없애다', repel은 '다시(re) 밀다'에서 '격퇴하다', repellent라면 명사로는 '방충제', 형용사로는 '역겨운, 혐오감을 주는'이 된다. 그 밖에 push(밀다), appeal(호소하다), polish(닦다)도 같은 계열의 단어다.

이사벨 여왕과 페르난도 2세 국왕은 유대인뿐만 아니라 이슬람교도들에 대한 박해를 계속했다. 무슬림들은 그라나다 함락 당시 항복 조건으로 신앙의 자유와 재산 보장을 약속받았다. 그러나 가톨릭 부부 왕은 10년 후에 약속을 어기고 기독교로 개종하거나 국외로 추방당하는 양자택일의 선택을 강요했다.

'모리스코(Morisco)'는 기독교로 개종한 무어인을 의미했지만, 나중에는 이베리아반도에 잔류한 무어인을 가리키게 되었다. Morisco는

「그라나다의 모리스코들」. 1529년에 독일 화가 크리스토프 바이디츠가 그린 그림에 묘사된 모리스코이다. Morisco는 스페인어로 '작은 무어인'이라는 뜻이며, 이베리아반도에 남은 무어인을 가리키는 말이었다.

스페인어로 '작은 무어인'이라는 뜻인데, 예전에 무데하르라고 불렸던 사람들도 모리스코로 불리게 되었다. 다른 종교에 대한 가톨릭의 불관용은 훗날 대항해시대를 거치며 '해가 지지 않는 나라'로 불리던 스페인 왕국이 몰락하는 큰 요인 중 하나가 되었다고 할 수 있다.

CHAPTER 03

ROOTS **11**

콜럼버스의 **신대륙 발견**의 **또 하나의 목적**은?

1492년에 아메리카 대륙에 도착한 콜럼버스가 개종자인 '콘베르소'였다는 주장이 있다. 이탈리아 제노바 출신의 탐험가 콜럼버스는 자금 조달을 위해 스페인의 이사벨 여왕과 페르난도 2세를 찾아가 대서양 건너편에 황금의 나라 지팡구**(Zipangu, 일본)**, 향신료의 나라 인도 등이 있다고 역설하지만 냉정하게 거절당한다.

그러나 양자 사이를 중재한 것은 페르난도 왕을 모시고 있던 콘베르소였던 재무장관 루이스 데 산탕헬**(Luis de santangel, 1448-1498)**이었다. 같은 콘베르소이자 아라곤의 재정적 유력자였던 가브리엘 산체스**(Gabriel Sánchez)**와 알폰소 데 카바예리아**(Alfonso de Cavallería)**의 지원을 받은 콜럼버스는 결국 두 왕의 허락을 받아 배를 조달하는 데 성공한다.

콜럼버스의 항해 목적은 막대한 부를 얻는 것이었지만, 스페인에서 박해를 받던 콘베르소들의 피난처를 찾는 것도 목적 중 하나였다고 추측할 수 있다.

✥ 콜럼버스의 이름과 관련된 크리스토퍼 전설이란?

여기서 콜럼버스의 이름인 '크리스토퍼(Christopher)에 대해 설명해보자. 이 이름은 3세기 중엽의 반(半)전설적인 순교자 남성의 이름에서 유래한 것으로, 'Christ(그리스도)+pher(운반하는 사람)'가 어원이다.

크리스토퍼는 세상에서 가장 강한 자를 섬기고 싶다는 소망으로 왕과 악마의 시종이 되었고, 마지막으로 섬긴 것은 그리스도였다. 크리스토퍼는 폭풍우가 몰아치는 밤, 한 소년을 등에 업고 탁류가 거세게 흐르는 강을 건너게 된다. 그때 소년이 점점 무거워져 익사할 것 같았지만 가까스로 건너편에 도착할 수 있었다. 나중에 그는 그 소년이 예수 그리스도라는 것을 알게 되고, 동시에 그 소년의 무게가 세상의 모든 죄와 고통을 상징한다는 것을 알게 된다.

이 전설은 지금도 라인강 주변에 남아 있으며, 쾰른 대성당에는 크리스토퍼가 어린 예수를 업고 있는 동상이 안치되어 있다.

15세기 플랑드르 회화의 거장 한스 멤링이 그린 성 크리스토퍼. '크리스토퍼(Christopher)는 'Christ(그리스도)+pher(운반하는 사람)'가 어원이다.

❖ 의식에 사용하는 향유(balsam)에서 balm(진통제)이 탄생했다

Christ(그리스도)는 그리스어 khristos(기름 부음을 받은 자)가 어원이라는 것은 익히 알려진 사실이다. 유대인 왕이 왕위에 오를 때 의식으로 기름을 부은 것에서 유래했는데, 이 의식에 사용된 성유는 chrism이라고 불리며 올리브유와 발삼(balsam)이라는 향유를 섞어 만든 것이다. balm(밤)은 '연고', '향유'를 의미하며, 형용사형인 balmy는 '상쾌한, 온화한', balsamic vinegar는 '발사믹 식초'이다.

홍콩과 싱가포르에서 인기 있는 멘톨을 함유한 연고는 Tiger Balm(타이거 밤)으로 알려져 있다.

Christopher의 후반부 pher(=fer)는 라틴어 ferre(운반하다, 낳다)에서 유래했으며, 이는 인도유럽조어 bher로 거슬러 올라갈 수 있다. b로 시작하는 단어로는 bear(운반하다, 낳다, 견디다), birth(탄생), bring(가져오다), burden(짐) 등이 있다.

어미에 fer가 포함된 offer(제안하다), transfer(옮기다), suffer(고통받다), refer(언급하다, 참조하다), prefer(선호하다), differ(다르다) 등도 같은 계열의 단어다.

CHAPTER 03

ROOTS **12**

석류 도시의 **붉은 성**, 그라나다의 **알람브라**

그라나다시 남동쪽 언덕에는 '알람브라 궁전'이 우뚝 솟아 있다. 그라나다가 함락될 당시 무혈 입성이었기 때문에 알람브라 궁전은 현재도 당시 모습 그대로 보존되어 있다.

그라나다(Granada)는 스페인어로 '석류'를 뜻하는데, 이 도시 곳곳에서 석류 조형물을 볼 수 있다. 스페인의 국장(國章) 하단에도 석류 열매와 잎이 그려져 있다. 라틴어 granatum(석류)은 영어로는 pomegranate(파미그레니트)인데, 이를 분해하면 'pome(사과, 과일)+grenate(씨앗을 가진)'로 '씨앗을 가진 과일'이 본래 뜻이다. 포모나(Pomona)는 로마 신화에서 과일나무와 열매의 여신인데, 그 이름은 라틴어 pomum(과일) 또는 poma(과일들)에서 유래했다.

머리에 바르는 기름의 일종인 '포마드(pomade)'는 사과나 과일로 향을 낸 연고가 그 어원이다.

스페인 국장. 하단에 그려진 식물이 석류의 열매와 잎이다.

❖ 아라베스크 문양은 '아랍풍의 장식 문양'

'알람브라'라는 이름은 아랍어 qalat al-Hamra(칼랏 알 함라)에서 유래했으며, 그 뜻은 '붉은(al-Hamra) 성'이다. 스페인어에서는 h가 묵음이므로 Alhambra는 '알람브라'로 발음한다. 궁전 내부에는 아라베스크(arabesque) 문양이 벽과 천장에 장식되어 있는데, 아라베스크는 '아랍풍'이라는 뜻으로, 이슬람 미술의 기하학적인 장식 문양에서 유래한 것이다.

❖ 아랍어에서 유래한 영어 단어

영어의 정관사 the에 해당하는 것이 아랍어 al인데, alcohol(알코올), algebra(대수), alchemy(연금술), almanac(연감, 세시력), alkali(알칼리) 등은 아랍어에서 유래한 단어다.

그 외 이슬람교의 유일신 알라(Allah)는 영어로 표현하면 the God,

알람브라 궁전. 알람브라는 아랍어 qalat al-Hamra(칼랏 알 함라)에서 유래했으며, '붉은 (al-Hamra) 성'이라는 뜻이다.

국제 테러 조직인 알카에다(al-Qaeda)는 the base(기지)가 된다. 또한 다음 일상어들도 모두 아랍어에서 유래했다.

    magazine(잡지), monsoon(몬순), orange(오렌지), mummy(미라), lemon(레몬), lime(라임), safari(사파리), sherbet(셔벗), syrup(시럽), sofa(소파), tariff(관세), mattress(매트리스), cotton(면), coffee(커피), cafe(카페), chess(체스), check(체크하다), amber(호박, 호박색), candy(사탕), assassin(암살자), apricot(살구) 등이 그것인데, 이 가운데 몇 가지 흥미로운 단어를 보자.

✣ magazine(잡지)

아랍어로 '창고'를 뜻하는 makhazin이 어원이다. 원래는 '무기 창고, 무기 재고에 관한 정보' 등의 의미로 사용된 단어이며, 현재도 '연발총의 탄창, 탄약고'라는 의미로 사용되고 있다. '잡지'라는 의미를 가지게 된 것은 18세기 이후부터다.

✣ monsoon(몬순)

인도양이나 남아시아의 '우기'나 '계절풍'을 의미하며, 때로는 '폭우'라는 뜻으로도 쓰인다. '(항해에 적합한) 계절'이라는 뜻의 아랍어 mawsim(마우심)이 포르투갈어를 거쳐 1580년대에 영어에 차용되었다. 인도양과 남아시아의 바다에는 5월부터 10월까지의 여름철에는 남서풍이, 11월부터 4월까지의 겨울철에는 북동풍이 불어오는데, 예로부터 이 계절풍을 이용해 항해와 교역이 이루어졌다. 대항해 시대에 포르투갈은 이 여름철 남서풍과 겨울철 북동풍을 이용해 동인도제도를 오갔다. 아랍어 mawsim의 원래 의미는 '축제 등 연중 행사의 시기'를 뜻하는 단어였으나, 이후 여름과 겨울에 주기적으로 부는 바람을 가리키는 단어인 monsoon으로 바뀌었다.

✣ tariff(관세)

'지불 통지' 또는 '요금 목록'을 의미하는 ta'rif가 라틴어, 이탈리아어를 거쳐 1590년대에 영어로 차용된 단어다.

✥ lemon(레몬)과 lime(라임)

9세기에서 10세기에 걸쳐 아랍인이 인도에서 지중해 동부의 레반트 지방에 전한 것으로, lemon은 고대 프랑스어의 limon을 거쳐, lime은 스페인어의 lima를 거쳐 영어에 차용되었다.

✥ sofa(소파)와 mattress(매트리스)

sofa는 나무나 돌로 만든 '긴 의자'가 튀르키예를 거쳐 영어로 차용된 것이며, 1717년부터 현재와 같은 형태가 되었다. mattress는 '무언가를 던져놓는 곳(matrah)'에서 유래해 '바닥에 깔고 자기 위한 쿠션'을 의미하게 되었다. 이탈리아 시칠리아섬을 경유함으로써 라틴어 matracium에서 고대 프랑스어 materas를 거쳐 13세기에 영어에 차용된 단어다.

✥ coffee(커피)

어원은 아랍어 qahwa(카흐와)라는 설과 원산지인 에티오피아의 Kaffa(카파) 지방이라는 설, 두 가지가 있다. qahwa는 고대 아랍어로 '포도주'를 뜻했으나 이슬람 시대부터 커피를 가리키게 되었다. 사실 술을 마시는 것을 금기시하는 이슬람교도들에게 커피는 술과 같은 의미였다. 1510년대에 메카(카이로 설도 있음)에 최초의 커피 전문점이 생겼고, 16세기 중반에는 오스만 제국의 수도인 콘스탄티노플에 유명한 커피 전문점이 문을 열었다. 커피는 곧 유럽 각지로 퍼져나갔고 1650년에는 영국에까지 전해졌다. 영국에서는 20여 년 만에 3,000여 개의 커피하우스가 생겨났고, 그전까지의 맥주를 대신해 아침 식사 때 커피를 마시는 습관이 생겼다. 하지만

오스만 제국의 커피하우스 풍경.

18세기에는 인도에서 들여온 보다 저렴한 홍차(tea)가 커피를 대신하게 된다.

✢ chess(체스) 게임에서 "체크메이트(Checkmate)!"

"당신의 왕은 끝장이다!"라고 승리 선언을 할 때 쓰는 말이다. chess는 페르시아어로 '왕'을 뜻하는 shah(샤)에서 유래했으며, 아랍어와 라틴어를 거쳐 오늘날과 같은 영어 단어가 되었다. '조사하다', '확인하다'의 check도 같은 어원이다. 장기의 '장군' 수처럼 왕이 'check'의 수를 당하면 움직임이 제한되며, 이때 플레이어는 다음 수를 '조사'하거나 '확인'해야 한다.

✢ amber(호박, 호박색)

투명한 황갈색으로 향고래의 장에서 채취하는 향료인 용연향을 뜻하는 아랍어 anbar(안바르)에서 유래했다. '호박'은 나무의 수지가 토사 등에 묻혀 화석화된 것으로, 용연향의 원료가 되는 향고래의 내장이나 나무의 수지가 바닷가에 떠밀려오는 경우가 많기 때문에 두 가지가 혼동된 것으로 보인다. 호박을 문지르면 정전기가 발생해 머리카락 등이 달라붙는 것은 고대 로마 시대에도 이미 알려져 있었다. '전기'의 electricity는 라틴어로 '호박의'인 electrum, '전자'의 electron은 그리스어로 '호박'인 elektron에서 유래했다. 참고로 신호등의 '노란색'은 미국에서는 yellow이지만 영국에서는 amber가 사용된다.

레이디 하우와 체스 게임을 하는 벤자민 프랭클린. 헤드워드 해리슨 메이가 1867년에 그린 그림이다. chess는 페르시아어로 '왕'을 뜻하는 shah(샤)에서 유래했다.

✣ **hashish(해시시)**

대마초의 수지로 만든 마약으로, 아랍어로 '풀', '대마'에서 유래했다. 해시시는 12세기 무렵부터 아랍 국가에서 기호품으로 사용되어 왔으며, 현재도 많은 이슬람교도가 해시시를 애호하는 것으로 알려져 있다. 한국이나 일본에서는 의료용 대마초도 금지되어 있지만, 캐나다, 멕시코, 괌, 우루과이, 미국 본토 24개 주 등에서는 기호 목적으로의 사용이 합법적이다. 레바논 산악지대에 있던 광신적인 니자르파 이슬람교도들은 십자군 기사들을 살해했는데, 그들을 경멸적으로 부른 호칭이 hashishin(하시신)이었던 것에서 assassin(암살자), assassinate(암살하다)라는 단어가 탄생했다. 하시신(hashishin)이라는 경멸적인 호칭은 hashish(해시시)와 같은 계통의 단어로, 그들이 해시시에 도취된 상태에서 적을 살해했다고 하는 데서 유래한다.

✣ **massage(마사지)**
1874년 프랑스어에서 영어로 차용된 단어로 아랍어의 massa(손으로 만지다)에서 유래했으며, 나폴레옹이 이집트 원정을 할 때 프랑스에 들여온 단어로 추정되고 있다. massage parlor(마사지 팔러)는 마사지 시술소를 뜻하지만, 이 단어는 19세기 말경부터 '매춘업소'를 뜻하는 의미로 사용되었다.

✣ **safari park(사파리 파크)**
방목 동물 공원을 말한다. 사파리는 아랍어로 '여행', '탐험'을 의미하며, 스와힐리어의 '사냥을 위해 며칠에서 몇 주에 걸쳐 하는 탐험'에서 유래했다. 스와힐리어(Swahili)는 아랍어로 '해안'을 뜻하는 sahil의 복수형인 sawahil에서 유래했으며, 동남 아프리카의 해안 지역에 사는 사람들이 사용하는 반투족 계통의 언어로 아랍인, 페르시아인, 인도인, 말레이인, 포르투갈인의 언어와 영어 등으로부터 다양한 어휘가 섞여 형성된 언어다. 현재 스와힐리어가 공용어인 주요 국가는 케냐와 탄자니아, 우간다, 르완다 등이며, 그 밖에 콩고, 모잠비크 등을 포함해 스와힐리어를 사용하는 인구는 1억 명 이상이라고 한다.

참고로, 미국 보잉사가 개발, 제조한 대형 여객기 '보잉 747'의 애칭은 '점보 제트(Jumbo Jet)'였다. '점보(Jumbo)'라는 명칭은 19세기 후반 런던 동물원에서 사육되던 거대한 아프리카 코끼리의 이름에서 유래했다.

원래 점보는 1861년 아비시니아(현 에티오피아)에서 포획된 아기 코끼리를 파리 식물원에서 사들인 코끼리였다. 이 아프리카 코끼리는 훗날 미국 서커스단에 팔려 인기를 끌었으나, 흥행 도중 캐나다의 어느 역 근처에서 기관차와 충돌해 죽고 말았다. 이 사고 기사에 다른 어린 코끼리를 보호하기 위해 자신을 희생했다는 미담이 실리면서 점보의 이름은 일약 유명세를 타게 되었다. '점보(Jumbo)'는 원래 서아프리카의 언어로 '코끼리'를 뜻하는 단어였던 것으로 보이는데, 점보를 소문자로 표기하면 '거대한, 특대의'라는 뜻으로 쓰인다.

참고로 디즈니의 애니메이션 「덤보(Dumbo)」는 코끼리 점보(Jumbo)와 '멍청한'이라는 뜻의 덤(dumb)에서 나온 명칭이다. 아프리카에서 자주 쓰이는 인사말인 '잠보'의 철자는 Jambo이며, 스와힐리어로 'Hu Jambo(당신은 아무 일 없습니까)'가 본래 뜻이며, '잘 지내십니까'라는 뜻이라고 한다.

스와힐리어를 찾아보면서 재미있다고 생각한 단어로는 피리피리=고추, 포레포레=느리게, 바라바라=길, 다라다라=승합차, 냐냐=토마토, 카티카티=가운데, 마지=물 등이 있다.

chapter 4
대개간 운동과 십자군 원정대

CHAPTER 04

ROOTS 01

유럽 '중세'여 '영원'하라?

일반적으로 유럽에서는 서로마 제국이 멸망한 476년 무렵부터 동로마 제국(비잔틴 제국)이 멸망한 1453년 무렵까지 약 1000년간을 '중세'라고 부르며, 중세 전기(5~10세기), 중세 전성기(11~13세기), 중세 후기(14~15세기)로 나뉜다.

❖ medieval(중세의)은 eternal(영원한)과 같은 어원이다

'중세'는 영어로는 Middle Ages, medieval times라고도 할 수 있다. medieval은 라틴어로 '중간'을 뜻하는 medium과 '시대, 시기'를 뜻하는 aevum이 조합된 단어로, aevum은 인도유럽조어에서 '인생', '영원'을 뜻하는 aiw로 거슬러 올라간다.

age(시대, 시기, 해)도 aiw를 기반으로 한다. teenager(틴에이저)는 10대를 지칭하는 단어로 13(thirteen)에서 19(nineteen)까지의 숫자에 포함된 어미 teen은 ten(10)의 변형형이며, thirteen은 three+ten, nineteen은 nine+ten에서 나온 앵글로색슨어이다. teenage는 형용사로서 teenage fashion이라고 하면 '10대(의) 청소년 패션'이 된다.

또한 teens라고 복수형으로 쓰면 "Alice became a singer in her early teens(앨리스는 10대 초반에 가수가 되었다)."처럼 in one's teens의 형태로 '10대에'라는 부사로 쓰일 수 있다.

eternal은 '영원한', 명사형인 eternity는 '영원', longevity는 '긴 인생'에서 '장수', '수명'이 된다. 일본에 '이온(Aeon)'이라는 대형 쇼핑센터가 있는데, 이온(Aeon)은 라틴어로 '영원'을 뜻한다. 영어로는 eon(이언)으로 '매우 긴 기간', '영겁'을 뜻한다.

"Have you ever been to China(중국에 가본 적이 있습니까)?"의 ever도 같은 어원으로 '어떤 시대에도'가 본래 뜻이며, never(결코 ~가 아니다)는 not과 ever의 합성어로 '어떤 시대에도 ~이 아니다', forever(영원히)는 '어떤 시대 동안에도'가 본래 뜻인 부사이다.

'원시 시대의'라는 뜻으로는 primitive가 일반적으로 쓰이지만, 'pri(전에)+eval(시대)'이 어원인 primeval(프라이미벌)도 이와 같은 뜻으로 쓰인다.

❖ 로마 교황(pope)은 아버지를 뜻한다

서로마 제국 멸망 후 정치적 후견인 역할을 잃은 교황이 동로마 제국의 비호 아래 게르만인들에게 기독교를 전파하고 프랑크 왕국을 기독교로 개종시킨 것은 잘 알려진 사실이다.

이후 이탈리아의 수도사 베네딕투스는 몬테 카시노에 성직자 양성을 위한 수도원을 세웠는데, '기도하라, 일하라'를 모토로 하는 수

15세기 중세 프랑스 사회의 계층 구조를 우화적으로 표현한 그림.

도원 운동으로 로마 교회의 힘은 점차 강해진다. pope(교황)은 라틴어로 '아버지'를 뜻하는 papa가 어원이며, 로마 교황은 지금도 '파파'라는 애칭으로 불리고 있다.

❖ arch(우두머리)를 포함하는 영어 단어

로마 가톨릭교회에 의한 지배 체제가 성립되면서 '계급제' 또는 '계층제'를 의미하는 hierarchy(하이어라키)가 확립되어 '교황'을 정점으로 '대주교(archbishop)-주교(bishop)-사제(priest 또는 father)'라는 피라미드형 조직이 만들어지게 된다.

hierarchy는 그리스어로 '사제장에 의한 지배', archbishop(아치비숍)은 '사제의 우두머리'가 원래 뜻이며, arch(y)는 '머리' 또는 '우두머리(長)'에서 유래했다. monarch는 '하나의 지배'에서 '전제군주, 황제', monarchy는 '군주제', anarchy는 '통치자가 없는 것'에서 '무정부 상태', anarchist는 '무정부주의자', architect는 '목수의 우두머리'에서 '건축가', architecture는 '건축술'이 되고, '천사'인 angel 앞에 arch가 붙은 archangel(아케인절)의 경우 '대천사'가 된다.

중세 전기에는 기독교가 유럽 전역으로 퍼져나갔다. 11~13세기의 중세 전성기(High Middle Ages)는 기독교 교회가 절대적인 힘을 가지게 된 시기이자 신이 절대적인 지위를 확립한 시기이다.

CHAPTER 04

ROOTS 02

봉건적 주종관계에서 탄생한 기사도 정신

10세기, 유목민족이자 우랄어족에 속하는 마자르족은 동쪽에서 침입을 거듭했다. 이를 동프랑크 왕국의 오토 1세가 격퇴해 로마 교황으로부터 로마 황제의 관을 수여받고, 훗날 독일의 근간이 되는 신성 로마 제국이 탄생하게 된다. 이후 마자르족이 판노니아에 정착하고 기독교로 개종해 현재의 헝가리 왕국을 건설한 것은 이미 앞에서도 말했다.

신성 로마 제국이라는 이름은 12세기가 되어서야 등장하는데, 왜 로마에서 멀리 떨어진 독일에 '신성 로마 제국'이라는 명칭이 사용되었을까? 당시 비잔틴 제국 사람들도 스스로를 로마 제국이라고 불렀던 것처럼, 로마 제국의 후계자임을 과시할 필요가 있었을 것이다.

다만 신성 로마 제국 황제라고 해도 막강한 권력을 가진 존재는 아니었다. 카롤루스 대제 같은 예외가 있긴 하지만, 기본적으로 중세 유럽에는 절대적인 지배자가 존재하지 않고 각지에 영주들이 할거하는 시대였다. 동쪽에서는 마자르인 외에 이슬람 국가들, 북쪽에서는 노르만인 등의 침입을 받으면서 그 적들과 싸운 것은 그 땅의 영주들이었다.

❖ 영주(lord)는 '빵(loaf)을 관리하는 사람'

영주들은 자신보다 강한 영주와 주종관계를 맺고 협력해 싸워야 했고, 여기서 중세의 주종관계가 생겨났다. 주군은 가신에게 '봉토(封土, fief)'라는 땅을 주고 보호의 의무를 지는 대신, 가신은 주군에게 예속되고 전쟁이 나면 종군해야 하는 의무를 지고 있었다.

이처럼 '봉토'를 매개로 한 주종관계를 봉건적 주종관계'라고 한다. '봉건제도'는 영어로는 feudalism(퓨덜리즘) 또는 the feudal system이며, 게르만어로 '재산'이나 '가축'을 뜻하는 feudum이 그 어원이다.

'봉건 영주'는 feudal lord이며, lord는 '영주' 외에 '지주, 집주인(landlord)', '통치자'라는 뜻으로 사용되기도 하는데, 그 어원은 '빵을 관리하는 사람'으로 loaf(빵 한 덩어리)와 같은 어원이다. '빵 한 덩어리'는 a loaf of bread라고 하며, lord의 반대어는 '빵 반죽을 개는 사람'이 어원인 lady(여성, 귀부인)이다. '여지주, 여자 집주인'은 landlady라고 한다.

영주들은 장원 안에 밀을 빻는 물레방아와 빵을 굽는 가마를 소유하고 있었고, 농노들이 밀을 빻아 빵을 구울 때 사용료를 받았다. 이 물레방아와 가마의 관리를 영주로부터 위임받은 이들이 miller(제분업자)와 baker(제빵사)였다.

당시 가장 미움을 받았던 것은 이 두 직업이었다. 이 직업에 종사하던 사람들은 나중에 Miller(밀러)나 Baker(베이커)라는 성을 쓰게 된다. 필자의 대학 시절 은사 중 한 명인 영국 신부 피터 밀워드(Peter Milward) 선생의 조상은 '물레방아 지킴이(ward)'였음이 틀림없다.

❖ 기사(knight)의 어원은 '하인'

봉건적 주종관계는 중층적인 것으로, 정점에 서 있는 것은 왕(신성 로마 제국의 경우에는 황제)이다. 왕은 대영주인 '제후'에게 광활한 땅을 주고, 제후는 가신을 두고, 그 가신은 하급 가신을 두는 주종관계다.

이 하급 가신들은 소귀족이었으며 '기사'라고 불리는 사람들로 구성되었다. 그들은 평소에 기마술, 창술, 검술 등의 훈련에 힘쓰며 전쟁에 대비했다. '기사'는 영어로는 게르만어에서 유래한 '소년, 하인'이 본래 뜻인 knight(나이트)이지만, 프랑스어로는 chevalier(슈발리에), 독일어로는 ritter(리터)로, 둘 다 '말을 타는 사람'을 의미한다.

'기사도'는 knighthood라고도 하는데, 프랑스어에서 유래한 chivalry(시발리)가 더 일반적이다. 기사도는 용기, 예의, 충성심 등의 덕목을 중시하고 약자와 여성을 보호하는 것을 최고의 미덕으로 삼는 것으로, 기사들의 전투는 기본적으로 일대일 개인전이 아닌 집단전이었다. '기병대'는 cavalry이며, '기병' 한 사람 한 사람은 cavalryman이라고 한다.

❖ ride(타다)에서 ready(준비된)가 탄생한 이유

독일어 ritter는 영어로 rider(라이더)가 된다. 영어의 ride(타다)는 일반적으로 자전거나 오토바이를 타는 것을 가리키는 경우가 많지만

영어로 '기사(knight)'는 게르만어로 '소년, 하인'이 본래 뜻이었다. 갑옷을 입은 기사가 사랑하는 사람을 떠나 전쟁터로 나서는 모습을 묘사하고 있는 이 그림은 화가 에드먼드 레이턴이 1900년에 그렸다.

'말을 타다'가 원래 뜻이며, road(도로)는 '말을 타고 가는 여행'이 어원이고, '말이 준비되었다'는 뜻에서 ready(준비된)라는 단어가 탄생했다.

❖ 오마주(hommage)의 기원

당시 주종관계를 맺는 '오마주'라는 상징적인 의식이 있었다. 일반적으로 '오마주'라고 하면 문학이나 예술계에서 존경하는 작가나 작품에 영향을 받아 그와 유사한 작품을 만드는 것을 말하는데, 이 경우의 '오마주(hommage)'는 프랑스어로 '존경'이나 '경의'를 뜻한다. 주종관계를 맺는 의식인 오마주는 가신이 주군 앞에 무릎을 꿇고 양손을 내밀며 신하가 되겠다는 뜻을 전하면 주군이 양손으로 감싸 안으며 평화의 키스를 하는 방식이었다.

프랑스어인 hommage는 13세기에 homage(존경, 신하의 맹세)로 영어에 차용되었다. 이 단어는 프랑스어로 '남성'을 뜻하는 옴(homme)이 어원이며, homme은 인도유럽조어인 '대지'에서 유래했다.

하늘에 있는 신에 대해 땅이라는 낮은 곳에 있는 '인간(의)'이 human이다. humane(휴메인)은 인간에게 본래부터 있는 성질로 '마음이 착한', humble은 허리를 낮춘다는 뜻으로 '겸손한', 명사형 humility는 '겸허'가 된다. humiliate는 허리를 너무 낮추게 하는 것에서 '부끄럽게 하다', humid는 축축한 땅에서 '습기가 많은'이 된다.

CHAPTER 04

ROOTS 03

장원 영주와 농노의 주종관계

가신인 기사들은 제후로부터 받은 토지를 장원으로 소유한 영주이기도 했다. 그들은 장원의 농노들을 지배했다.

특히 중세 전기의 장원에서는 영주들이 농노들에게 부역 노동을 시킴으로써 자급자족적인 폐쇄적 경제가 운영되었다.

농노(serf)는 장원 안에 살고 약간의 보유지나 가족을 가질 수 있지만 직업 선택의 자유가 없고 장원 밖으로 나갈 수 없으며, 영주에게 각종 납세의 의무를 지고 가톨릭교회에도 '10분의 1세'를 부과받는 고단한 삶을 살아야 했다.

❖ '매너하우스'의 매너는 '장원'을 의미했다

'장원'은 왕, 제후, 기사 등의 영지를 뜻하며, 영어로는 manor라고 하는데, 라틴어 maneir(거주하다)가 어원이다. 장원 안에 지어진 영주의 대저택을 manor house(매너하우스)라고 하는데, mansion(맨션)도

매너하우스와 거의 같은 뜻이다.

프랑스어로 '집'을 뜻하는 maison(메종)도 같은 어원이다. '메조네트 타입'은 공동주택의 주거 형태 중 하나로, 방 안에 내부 계단이 있는 2층 이상의 층을 가진 방을 말하는데, 이는 프랑스어의 maisonette(메조네트, 작은 집)에서 유래했다. 그 외 remain(머물다), permanent(영원한)도 같은 어원이다.

✣ 카드 게임에 숨겨진 의외의 사실

카드 게임인 '트럼프'는 영어로는 단순히 cards 또는 playing cards로 표현한다. 영어의 trump는 '으뜸패'라는 뜻이다. 트럼프의 기원에 대해서는 여러 설이 있고 확실하게 알려진 바는 없지만, 중세 후기에 유럽에 전해진 것으로 알려져 있다(유럽 카드의 직접적인 기원은 이집트의 '맘루크 카드'라는 설이 있다-옮긴이).

트럼프의 '카드'에는 '스페이드(spades)', '다이아몬드(diamonds)', '하트(hearts)', '클럽(clubs)'의 네 종류가 있으며, '스페이드(♠)'는 '검', '다이아몬드(♦)'는 '화폐', '하트(♥)'는 '성배', '클럽(♣)'은 '곤봉'을 각각 상징한다.

이 네 종류의 카드는 중세 유럽 사람들의 신분을 나타내는 것으로, spade는 '기사' 또는 '제후', diamond는 '상인', heart는 '성직자', club은 '농노'를 의미한다는 설이 있다.

또한 네 종류의 카드는 1년을 상징하는 것으로도 알려져 있다. 스페이드가 '봄', 다이아몬드가 '여름', 하트가 '가을', 클럽이 '겨울'의 사계절을, 빨간색이 '낮', 검은색이 '밤'을 나타낸다.

카드놀이를 하는 사람(17세기 무렵). 트럼프의 '카드'에는 '스페이드', '다이아몬드', '하트', '클럽'의 네 종류가 있는데, 각각의 카드는 중세 유럽 사람들의 신분을 나타낸다는 설이 있다. 여기서 스페이드는 '기사' 또는 '제후', 다이아몬드는 '상인', 하트는 '성직자', 클럽은 '농노'를 의미한다고 한다.

카드의 장수는 4×13으로 52장인데, 카드 1장을 1주일로 간주하면 총 364가 되고, 여기에 조커 1장을 더하면 365가 된다. 여분의 엑스트라 조커는 4년에 한 번 있는 윤년용이라고 생각하면 된다.

그림이 그려진 12장의 카드는 12개월을 의미한다고도 한다.

CHAPTER 04

ROOTS 04

하얀 옷을 입은 수도사, 검은 옷을 입은 수도사

기독교는 6세기 무렵 수도사 베네딕투스가 이탈리아 중부의 몬테카시노에 세운 수도원이 중심이 되어 게르만인을 기독교로 개종시키면서 전 유럽으로 퍼져나갔다.

수도사들은 '기도하라, 일하라'를 모토로 '청빈, 순결, 복종'을 계율로 삼고 금욕적인 삶을 살았다. 이 베네딕트파에서 탄생한 것이 10세기의 클뤼니 수도원이며, 12세기의 시토파 수도회이다.

게르만인의 '제2차 민족 대이동'이 끝난 11세기 무렵부터 유럽 사회는 안정화를 향해 나아간다. 기후의 온난화도 맞물려 11세기 후반부터 13세기 전반까지 중세 농업 혁명이라고도 불리는 '대개간 운동'이 시작된다.

대개간 운동의 원동력이 된 것은 1098년 프랑스 중부의 시토에 설립된 수도원이었다. 베네딕트파와 클뤼니파 수도사들은 검은 옷을 입었기 때문에 Black Monk(검은 수도사)라고 불린 반면, 시토파는 흰

17세기에 시토파 소속 수도사였던 아르망 장 르 부티리에 드 랑세의 초상화. White Monk(흰 수도사)라고 불리듯이, 흰옷을 입고 있다(왼쪽). 한편 클뤼니 수도원의 2대 수도원장이었던 오도는 Black Monk(검은 수도사)라고 불린 클뤼니파 수도사이므로 검은 옷을 입고 있다(오른쪽).

옷을 입었기 때문에 White Monk(흰 수도사)라고 불렸다. 시토파는 청빈을 실천하기 위해 흰옷을 검은색으로 염색하는 것조차 사치라고 생각했기 때문에 흰옷을 입었다고 한다.

✣ 수도원(monastery), 수도사(monk)에 붙는 mon의 의미

영어로 '수도원'은 monastery, '수도사'는 monk인데, 이 두 단어의 mon은 그리스어로 '혼자'인 monos가 어원이다. 교회가 신앙을 전파하는 곳이라면, 수도원은 세속을 떠나 금욕적 규율 속에서 종교적 공동생활을 하는 사람들을 위한 시설이다.

CHAPTER 04

ROOTS **05**

수도사들의 24시,
성무일과가 낳은 단어들

　수도사들은 성무일과라는 것이 있어 하루 24시간 동안 3시간마다 예배, 성서 암송, 시편 낭송, 성모 찬가 등을 수행해야 했다. 초기 가톨릭교회에서는 하루를 조과(자정), 찬과(일출), 1시과(오전 6시), 3시과(오전 9시), 6시과(정오), 9시과(오후 3시), 만과(오후 6시), 종과(오후 9시) 등 8개의 시간으로 나누었다. 라틴어로 1시과는 prima, 3시과는 tertia, 6시과는 sexta, 9시과는 nona라고 불렀다.

　이 중 9시과(오후 3시)는 수도사들에게 가장 중요한 기도 시간으로, 이 기도를 마친 후 식사를 하기로 되어 있었다. 중세 유럽에서는 공식적으로 병자, 어린이, 노인을 제외하고는 식사 횟수는 점심과 저녁, 두 번뿐이었지만 실제로 일반 서민은 하루에 서너 번은 식사를 한 것으로 추정된다. 반면 수도사들의 식사 횟수는 월요일부터 토요일까지의 노동일에는 1회, 휴일과 명절에는 2회였다. 극도의 공복을 경험하는 것, 즉 육체적 고통을 견뎌냄으로써 신에게 신앙의 강인함을 보여줘야 한다고 생각했던 시대였다.

✣ supper(저녁식사)와 soup(수프)는 같은 어원이다

수도사들은 성무일과 외에 농사일이나 수공업 등의 노동을 해야 했으므로 하루 한 끼 식사만으로는 도저히 버틸 수 없었을 것이다. 시대가 지날수록 식사 횟수는 점점 늘어나게 된다.

프랑스의 수도원에서 밤에 가벼운 식사를 하는 soper(소퍼)가 관습이 되었고, 이것이 13세기 무렵에 supper(저녁 식사)로 잉글랜드로 전해졌다. supper는 게르만어가 기원으로 '수프를 후루룩거리는 것'이 원래 뜻이며, soup(수프), suck(빨아 먹다), soak(담그다), sop(적시다, 빨아들이다), sip(홀짝이다, 조금씩 마시다) 등이 같은 어원의 단어다.

✣ 아침 식사(breakfast)는 '단식(fast)을 깨는(break) 것'

'아침 식사'인 breakfast는 '단식(fast)을 깨는(break) 것'이 어원이다. '단식'인 fast는 '몸을 단단히 조이는 것'이 본래 뜻으로, 몸을 단단히 조인 상태에서 달리면 run fast(빨리 달리다)가 된다. "Fasten your seat belts."는 "안전띠를 매세요."이며, fasten(패슨)의 명사형이 fastener(패스너)다.

✣ 장관(minister)은 신을 섬기는 '작은(mini)+사람(ster)'이다

성무일과의 1시과인 prima는 라틴어로 '첫 번째의'라는 뜻으로, 여기서 prime(제1의), primary(최초의), premier(최고의) 등이 생겨났다.

prime minister는 첫 번째 장관에서 '총리', primary school은 아

이들이 맨 처음 가는 '초등학교', premier league(프리미어 리그)는 영국 프로축구 1부 리그인 '최고의 리그', primitive는 역사의 최초 시절에서 유래해 '원시적인, 원시 사회의'가 된다.

참고로 '장관'인 minister의 어원은 '작은(mini)+사람(ster)'으로 '신을 섬기는 작은 사람'이 원래 뜻이고, prince(왕자), princess(공주), principle(원칙), principal(주요한, 교장)도 같은 계열의 단어다. ce와 cip은 '잡다'라는 뜻의 인도유럽조어인 kap에서 유래했다.

✣ 9시과에서 noon(12시)이 탄생한 이유

앞에서 수도사들이 성무일과의 9시과인 노나(nona)가 끝난 후 하루 한 번의 식사를 한다고 이야기했는데, 나중에 식사 시간이 3시간 정도 앞당겨져 정오 무렵에 이루어지게 된다. 이로 인해 원래 '9'를 뜻하는 nona에서 '정오, 낮 12시'를 뜻하는 noon이라는 단어가 생겨났고, 'noon에 먹는 음식'을 nuncheon이라고 부르게 되었다. 이것은 나중에 luncheon(런천)으로 바뀌었고, 이 축약형이 lunch(점심)가 되었다. 참고로 nuncheon은 일상생활에서 점심을 가리킬 때 쓰이지 않게 되었지만 격식을 차린 공적인 자리에서 갖는 '오찬(모임)'의 의미로 luncheon이 여전히 쓰이고 있다.

프랑스어로 '점심'을 déjeuner(데주네)라고 하는데, 이는 예전에 프랑스 수도원에서 하루에 한 번 먹던 식사를 뜻하며, 앞서 언급했듯이 '단식을 깨는 것(dé-:중지+jeûner:단식하다)'이 어원이다. 이 단어는 13세기에 dinner로 영어에 들어왔는데, 당시에는 아침 9시에서 12시 사이에 먹는 하루 중 가장 호화로운 식사를 뜻하는 단어였다.

현재 dinner는 일반적으로 '저녁 식사'라는 뜻으로 쓰이지만, 영국에서는 일요일이나 특별한 날의 성대한 점심 식사를 dinner라고 부르기도 한다. dinner의 동사 dine(다인)은 격식을 차린 자리에서 '식사하다'라는 뜻이며, 명사형 diner(다이너)는 미국에서 외관이 기차 식당칸 비슷한 비교적 저렴한 식당을 가리킨다[참고로 기차 내 식당칸은 dining car 또는 restaurant car(영국식 표현)라고 한다.-옮긴이].

❖ 통금(curfew)의 기원은 '불을 덮는' 수도원의 관습에서 유래했다

아침, 점심, 저녁 세 차례 종을 쳐서 주민들에게 시간을 알려주는 것도 수도사의 중요한 업무였다. '통금'은 영어로 curfew(커퓨)라고 하는데, 이 단어는 프랑스 수도원의 관습에서 유래했다. 중세 유럽에서는 취침 전인 밤 8시나 9시에 교회 종을 울려 주민들에게 불을 잘 단속하라고 일깨우는 관습이 있었다. 당시 화재의 원인은 요리와 난방을 겸해 집 한가운데에 만든 화덕의 불단속 부주의로 인한 것이 많았다. curfew는 고대 프랑스어로 "Cover the fire(불을 덮어라)."라는 뜻의 cuevrefeu(쾨브르푸)에서 유래했다. 이 단어는 원래 '저녁 종'을 의미했으나 이후 '통금시간' 외에 '소등시간', '야간 통행금지령' 등의 뜻을 갖게 되었다.

cuevrefeu의 어미인 fue는 방 한가운데 있는 '화덕'을 의미하며, 여기서 focus(초점)와 fuel(연료)이라는 영어 단어가 탄생했다. 렌즈를 햇빛에 쪼이면 빛이 한 점에 모이고, 여기에 종이를 놓으면 그을거나 불타게 된다. 이것이 '초점(focus)'이다.

CHAPTER 04

ROOTS **06**

유럽인에게
숲은 어떤 이미지일까?

다시 대개간 운동으로 돌아가 보자. '기도하라, 일하라'를 모토로 삼았던 시토파 수도사들을 중심으로 시작된 대개간 운동. 그런데 그들은 왜 땅을 경작하는 일에 열중했을까?

❖ **달의 여신 루나도 원래는 나무의 신이었다**

여러 신을 숭배한 켈트족과 게르만인들에게 숲은 정령과 요정이 깃든 신성한 장소였다. 고대 그리스와 로마 사람들도 자연의 세계에 신이 깃든다고 생각했고, 숲도 신앙의 대상이었다. 로마 신화에서 숲의 여신은 디아나(Diana)였고, 달의 여신 루나(Luna)도 원래는 나무의 신이었다.

실비아(Sylvia)도 디아나를 섬기는 숲의 요정(님프)이었다. 영어의 sylvan은 형용사로 '숲의, 나무가 우거진', 명사로 '숲의 정령'이다.

❖ 달에서 탄생한 영어 단어

또한 Luna에서 태어난 lunar는 '달의'인데, 과거에는 달이 차고 기우는 현상으로 인해 정신에 이상이 생긴다고 생각했기 때문에 lunatic은 '비정상적인', lunacy는 '비정상적인 행위'가 된다. 밤하늘에 아름답게 빛나는 이미지에서 탄생한 단어로는 luminous(야광의, 빛을 발하는), illuminate(비추다), illumination(조명), lucid(명료한), illustrate(도표 등으로 명료하게 설명하다), illustration(삽화), luster(광택), lux(조도 단위인 '룩스') 등이 있다.

❖ 숲(forest)과 외국인(foreigner)의 어원이 같은 이유

이처럼 고대인들에게 숲은 신성한 장소였고, 목재, 식용 열매, 꿀, 식수가 되는 샘물 등 사람이 살아가는 데 은혜를 가져다주는 존재였다. 그러나 동시에 그들에게 숲은 자신들의 세계와 다른, 말하자면 '이계(異界)'로서의 측면도 있었다.

예전에 대부분의 지역이 숲으로 뒤덮여 있던 유럽에서 사람들은 숲을 개척해 마을이나 도시를 만들고 그 안에서만 살았다. 그들이 안전하게 살 수 있는 곳은 인공적으로 만든 마을과 도시뿐이었고, 마을과 도시를 둘러싸고 있는 울타리를 넘어 한 발자국이라도 숲 속으로 들어가면 살아서 돌아온다는 보장이 없었다.

'숲'을 뜻하는 영어 forest는 어원이 '바깥쪽'인데, '외국의, 이질적인'의 foreign과 어원이 같다.

이런 점으로 미루어 유럽의 고대인들은 숲을 자신들이 사는 세상과는 다른 곳이라고 생각했음을 알 수 있다.

foreigner(포리너=외국인)라는 단어는 종종 '이방인'의 뉘앙스를 풍기기 때문에 "people from other countries(다른 나라 사람들)"와 같은 표현이 선호된다. 참고로 '삼림 벌채'는 deforestation(디포레스테이션), '조림'은 afforestation(어포레스테이션)이라고 한다.

✣ 알고 보면 무서운 『그림 동화』 속의 숲

기독교 전래와 더불어 숲에 대한 사람들의 인식도 바뀌게 된다. 즉, '인간을 제외한 모든 자연물은 인간을 위해 신이 창조한 것이며, 자연은 정복해야 할 대상'이라는 생각을 갖게 된 것이다. 그리고 고대인들이 신앙의 대상으로 삼았던 자연신과 요정들은 이교도의 악마로 여겨지게 된다.

『그림 동화』는 저명한 언어학자였던 그림 형제가 독일과 그 주변 지역의 민담을 수집하고 재구성한 동화집이다. 이 동화에 등장하는 숲은 인간에게 해를 끼치는 늑대나 마녀 등이 숨어 있는 위험으로 가득 찬 무서운 장소로 묘사된다. 「빨간 모자」와 「아기 돼지 삼 형제」에 등장하는 악당은 숲에 사는 늑대이며, 「헨젤과 그레텔」의 악역도 숲에 사는 마녀다.

✣ 숲의 정령(sylvan)과 야만인(savage)의 관계

'야만인, 사나운'이라는 뜻의 savage는 '숲의 정령'인 sylvan과 어원이 같다. '동화'는 fairy tale이며, fairy의 어원은 라틴어로 '신이 말한

19세기 후반의 일러스트레이터 헤르만 포겔이 그린 「헨젤과 그레텔」 일러스트. 달콤한 과자집에 사는 마녀는 숲속의 악당이다. '숲'은 영어로 forest인데 어원은 '바깥쪽'이며, '외국의, 이질적인'의 foreign과 같은 어원인 것처럼 자신들이 사는 세상과는 다른 곳이라 생각했다.

것' 또는 '운명'을 뜻하는 fatum이다. '요정'으로 번역되는 fairy는 초자연적인 마력을 가지고 있고 하늘하늘한 작은 날개를 가진 가상의 생명체로 인간에게 호의적인 존재이며, 종종 여성의 모습으로 표현된다.

또 fatum의 어원은 '말하다'라는 뜻의 인도유럽조어 bha로 거슬러 올라가며, fame(명성), famous(유명한), fate(운명), fatal(운명을 결정하다), fatality(필연, 죽음), fable(우화, 비유) 등이 fairy와 같은 계열의 단어다.

✥ 문화(culture)는 마음을 가꾸는 것

사람들이 살기 좋은 땅을 늘리는 것이 선이라고 생각한 수도사들은 숲을 벌목해 개간에 힘썼다. 영어로 '개간'은 cultivation, '개간하다'는 cultivate이며, 이는 라틴어 colere(경작하다)가 어원이다. culture도 같은 어원으로 마음을 경작한다는 점에서 '문화'라는 뜻 외에 '경작', '재배'라는 뜻도 가지고 있다.

대개간 운동을 가능케 한 것은 바퀴 쟁기 등 농기구의 개량 외에도 가을 경지, 봄 경지, 휴경지로 구성된 삼포식 농업의 보급이었다. 이로 인해 생산성이 향상되고 인구가 급증했다. 바퀴 쟁기는 바퀴가 달린 쟁기를 멍에에 묶인 소나 말이 끌게 해 땅을 깊고 효율적으로 갈 수 있게 한 농기구였다.

'바퀴 쟁기'는 영어로 wheeled plow이다. wheel(바퀴)은 '회전하다'라는 뜻의 인도유럽조어 kwel에서 나온 단어로, 앞에 나온 cultivation(개간)과 culture(문화) 역시 kwel과 어근이 연관되어 있는

중세 최고의 채색 필사본으로 평가되는 「베리 공의 지극히 호화로운 시도서(時禱書)」 가운데 3월. 농부들이 바퀴 쟁기(wheeled plow)로 땅을 갈고 있다. wheel(바퀴)은 '회전하다'라는 뜻의 인도유럽조어 kwel에서 나온 단어다.

단어다. 즉, 바퀴(wheel)를 굴리면서 땅을 가는 행위가 cultivation이고 culture이다.

마찬가지로 '순환'이나 '주기'를 뜻하는 cycle, 인도양에서 발생하는 열대성 저기압인 사이클론(cyclone)도 어원이 kwel이다.

에곤 실레의 「작은 마을 II」(1912–1913). 체스키크룸로프의 풍경을 그린 그림이다.

✥ '경작하다'에서 태어난 식민지화(colonization)

대개간 운동의 전개로 농촌 인구가 급증하면서 노동력이 남아돌게 되자 농가의 둘째나 셋째 아들들은 도시로 몰려들었고, 이에 따라 도시 인구도 증가했다. 결국 서유럽에는 벌목할 숲이 줄어들었는데, 일설에 따르면 대개간 운동으로 서유럽의 숲이 80퍼센트 가까이 사라졌다고 한다.

이런 상황에서 로마 가톨릭교회는 독일 기사단이 중심이 되어 엘

체코의 세계문화유산인 '체스키크룸로프'. 13세기에 보헤미아의 숲을 개척해 건설된 동화 같은 도시로, '체스키'는 체코어로 '보헤미아'를 뜻한다.

베강 동쪽의 땅을 찾는 '동방 식민'을 시작했다. 엘베강 동쪽은 민족 대이동 이전에는 게르만족이 거주하고 있었으나, 그 후에는 슬라브족이 점령했다. 당시 게르만인 정착 지역의 동쪽 경계는 엘베강과 그 지류인 잘레강(Saale), 그리고 보헤미아와 바이에른이었다.

'보헤미아 숲'은 현재 체코의 서부와 중부를 가리키는 역사적인 지명인데, 13세기에 보헤미아 숲을 개척해 건설된 체코의 세계문화유산 중세 도시가 '체스키크룸로프'이다. 울창한 숲과 맑은 강물에 둘러싸인 파스텔 컬러의 거리는 그야말로 '동화 나라(fairyland)'였다. '체스키'는 체코어로 '보헤미아'를 뜻한다.

독일은 현재의 리투아니아, 슬로베니아 등에 거주하는 슬라브인들을 기독교로 개종시키면서 식민지 활동을 했다. '동방 식민'의 영어는 eastern colonization이다. colonization(식민지화)은 colony(식민지)에서 파생된 동사 colonize(식민지화하다)의 명사형인데, 이들은 모두 라틴어 colere(경작하다)가 어원이다. 당시 로마 가톨릭교회는 이슬람이 지배하던 이베리아반도 남부까지 세력을 넓히기 위해 레콩키스타, 즉 국토 회복 운동도 전개했다는 것은 앞에서 이야기했다.

CHAPTER 04

ROOTS 07

기독교
성지 순례의 유행

중세 전기의 농촌에서는 물물교환과 자급자족적인 폐쇄적 경제가 운영되었는데, 대개간 운동으로 생산량이 증가하자 잉여 농작물이 시장에서 거래되면서 상업이 생겨났고 화폐경제가 장원으로도 침투하기 시작했다. 이는 장원제의 붕괴로 이어졌고, 농노들은 일정한 돈을 영주에게 지불하면 자유의 몸이 될 수 있었다.

이 무렵 기독교와 관련이 있는 곳으로의 순례가 유행했다. 순례의 주요 목적지는 가톨릭교회의 총본산인 로마, 예수가 처형된 팔레스타인의 예루살렘, 그리고 이베리아반도 북서부의 산티아고 데 콤포스텔라였다. 이 세 곳은 중세 기독교의 3대 성지로 불렸다.

❖ 순례자(pilgrim)와 농업(agriculture)은 어원이 같다

'순례자'는 pilgrim이며 '순례'는 pilgrimage가 되는데, 어원은 라틴어 'per(건너다)+ager(토지, 들판)'이다. acre, agriculture, agronomy 등

이 pilgrim과 같은 어원이다.

토지의 면적을 나타내는 '에이커(acre)'는 한 사람이 멍에를 멘 소 두 마리에게 쟁기를 끌게 해 하루에 갈 수 있는 밭의 넓이로, 약 40아르(4,000제곱미터)에 해당한다. agriculture는 '토지를 경작하는 것'에서 '농업'이며, agronomy는 '토지 관리'에서 '농업경제학'이 된다.

✤ 여행(travel)의 어원은 고문 도구?

당시의 여행은 항상 위험으로 가득했다. 도로도 정비되어 있지 않았고, 로마 시대에 세워진 이정표도 풍화되어 길을 잃고 늑대나 위험한 동물이 숨어 있는 숲으로 들어가거나 노상강도를 만나는 일도 많았던 시대였다.

'여행(을 하다)'은 영어로 travel이다. 이 단어는 중세 프랑스어로 '고난'이나 '고역'을 뜻하는 travail(트라바유, 현대의 의미는 '노동')가 어원이고, travail는 세 개의 기둥으로 만든 고문 도구를 가리키는 라틴어 tripalium(트리팔리움)에서 유래했다. 말하자면 '뜨거운 태양 아래 세 개의 기둥을 엮어서 만든 도구에 사람을 묶어두는 고문'에서 유래한 말이다.

✤ 순례자에 대한 환대에서 병원(hospital)이 탄생했다

한편, 당시에는 순례자를 환대하는 관습이 있었다. 순례자를 대접하는 것은 같은 예수를 숭배하는 사람으로서 당연한 의무이기도 했던 것이다. 반대로 자신이 순례를 할 때에도 환대를 받게 된다. 대접

하는 쪽인 'host(주인)'와 대접받는 쪽인 'guest(손님)'는 둘 다 인도유럽조어에서 '상호부조의 의무를 지다'라는 뜻의 ghos-ti에서 유래한 단어다.

19세기에 이르러 순례자를 위한 호스피스(hospice)라는 숙박시설도 만들어졌다. 영어로 hospice(호스피스)는 암 등의 말기 환자를 위해 의료와 간호를 제공하는 시설이다. '병원'의 hospital, '환대'의 hospitality, '환대하는, 친절한'의 hospitable은 모두 어원이 같다.

낯선 순례자를 받아들이는 데는 그만큼의 위험이 뒤따르기 때문에 hostile(적대적인), hostility(적대감), hostage(인질) 등의 부정적인 단어도 생겨났다.

✤ ser(지키다)가 어원인 영어 단어

'산티아고(Santiago)'는 예수의 열두 사도 중 한 명인 성 야곱(Jacob)의 스페인어 이름이다. 전설에 따르면 9세기에 그의 유골이 '산티아

20세기 초의 화가 에즈라 윈터가 1939년에 그린 「캔터베리 이야기」 벽화 일부. 순례자들이 길을 떠나는 모습을 묘사하고 있다. 기사와 종자, 수녀, 방앗간 주인, 의사 등 각계각층의 다양한 인물들이 등장한다.

고 데 콤포스텔라'에서 발견되어 이를 기념하기 위해 성당이 세워졌다고 한다.

예수가 처형된 후 야곱은 로마에서 선교 활동을 하다가 유대인 왕 헤롯 아그리파 1세(Herod Agrippa I)에 의해 참수형을 당한다. 예수 탄생 당시 로마 제국 내 유대인 왕이었던 헤롯(Herod the Great) 또한 잔혹한 독재 정치가로 알려져 있다.

아이러니하게도 헤롯은 그리스어로 Hērōdes인데, 이는 'heros(신격화된 사람)+des(남성을 나타내는 접미사)'에서 유래하며, 영어 hero(영웅)의 어원이 된다. hero는 '지키는 사람'이 원래 뜻이며, 인도유럽조어 ser(지키다)로 거슬러 올라간다고 한다.

conserve(보존하다, 보호하다), conservative(보수적인), conservation(자연보호, 보존), reserve(따로 보관하다, 예약하다), reservation(예약), reservoir(저수지, 축적), preserve(보호하다, 보존하다), preservation(보호, 보존), observe(지키다, 관찰하다), observance(지킴, 준수), observation(관찰, 주시), observatory(관측소, 전망대, 감시소) 등이 같은 계열의 단어다.

✥ '동방박사'의 박사(magos)는 마술사가 되었다

『신약성서』「마태복음」 2장에 따르면, 헤롯 왕은 베들레헴에서 태어난 예수가 장차 유대 왕이 될 것이라는 예언을 '동방박사'로부터 듣고 유대 왕의 자리를 빼앗길 것이 두려워 베들레헴과 그 인근 지방에 있는 2살 이하의 사내아이들을 모두 죽였다고 한다.

셰익스피어가 「햄릿」에서 "It out-Herods Herod(헤롯보다 더 심하게 구는군)."이라는 표현을 사용한 것처럼, 지금도 'out-Herod Herod'는 '지나치게 과장하거나 포악하게 행동하다'라는 의미의 관용 표현으로 쓰인다.

'동방박사'는 '동쪽에서 온 현자들'이라고도 하는데, 예수의 탄생을 축하하기 위해 동방에서 별의 인도를 받아 베들레헴에 온 세 명의 박사를 말한다. 『신약성서』에 기록된 그리스어 magos(점성술사)를 우리말로 번역한 것이 '박사' 또는 '현자'이며, 이는 고대 페르시아 왕국의 메디아 부족의 사제에서 유래한 단어다. magos는 라틴어를 거쳐 magi가 되었고, 14세기 후반에 magic[마법(의)], magical(신비한, 매혹적인), magician(마술사, 마법사)으로 영어에 차용되었다.

✥ might(힘), main(주요), machine(기계)에 공통된 의미가 있다

이 단어들은 '힘을 가진'이나 '할 수 있다'라는 뜻의 인도유럽조어 magh로 거슬러 올라간다. might(힘)의 형용사는 mighty(강력한)이며 '펜은 칼보다 강하다'라는 격언에서는 "The pen is mightier than the sword."로 쓰인다. '~일지도 모른다'는 뜻의 조동사 may나

might도 같은 계열이며, 이는 '~할 수 있다'가 원래 뜻이다. "May I open the window?"는 "Can I open the window?"보다 더 정중한 표현이 된다.

main(주된, 주요한)도 '힘을 가지고 있다'가 원래 뜻이다. 물건을 만들 수 있는 '기계'인 machine도 같은 어원이며, 이 단어에는 mechanic(기계공, 정비사), mechanical(기계의), mechanics(기계공학, 역학), mechanism(메커니즘, 구조) 등의 파생어가 있다.

❖ 캠프의 어원은 캠퍼스(평원)이다

'산티아고 데 콤포스텔라' 이야기로 돌아가자. 제자들은 야곱의 유해를 돌로 만든 배에 실어 땅에 묻었다고 전해진다. 그로부터 800년 후인 9세기에 한 양치기가 야곱의 무덤을 발견함에 따라 그 자리에 성당이 세워졌다는 전설은 앞서 언급한 바와 같다. 12세기에는 연간 50만 명이 이곳을 찾았고, 현재도 연간 12만 명이 넘는 순례자가 찾고 있다고 한다.

중세에는 북쪽으로는 헬싱키, 동쪽으로는 로마, 그리고 튀르키예의 이스탄불에서도 순례길이 이어졌다. '콤포스텔라'의 어원은 라틴어 'campus stellae', 즉 '별의 평원'이며, 이 지명은 양치기가 별의 인도에 따라 무덤을 발견했다는 전설에서 유래했다.

라틴어 stella(스텔라=별)는 star(별)와 어원이 같으며, astronomy는 '별의 규칙'에서 '천문학', astronaut는 '별의 뱃사공'에서 '우주비행사', astrology는 '별의 학문'에서 '점성술', constellation은 '별이 모인 것'에서 '별자리'가 된다.

campus는 '평지', '들판'이라는 뜻으로 교정을 뜻하는 캠퍼스(campus)의 어원도 된다. 발포성 와인인 샴페인(champagne)은 프랑스 북부의 상파뉴(champagne)라는 지명에서 비롯되었는데, 이 지명은 로마인들이 상파뉴 지역을 보았을 때 아무것도 없는 '평원'이라는 뜻으로 캄파니아(campania)라고 이름 붙인 데서 유래했다. '캠페인(campaign)'은 고대 로마 병사들이 평지에서 군사훈련을 하던 데서 유래한 단어로 '군사훈련'이 원래 뜻이다. '캠프(camp)'도 원래 뜻은 군대의 '야영지'이며, '챔피언(champion)'은 '들판(campus)에서 싸우는 전사(campio)'에서 유래했다.

✣ 유대인 야곱은 영국에서는 제임스, 프랑스에서는 자크가 되다

프랑스에서 피레네산맥을 넘어 800킬로미터에 이르는 산티아고 순례길은 1993년에 세계문화유산으로 등재되었다. 일명 '프랑스 길(camino Francés)'이라고 불리는 이 순례길의 전체 구간을 걷는 데는 한 달 가까이 걸린다고 한다.

'야곱(Jacob)'은 영어로 발음하면 '제이콥'이 되지만, 예수의 열두 사도 중 한 명인 야곱을 영어로 표현할 때는 St. James가 된다. 참고로 프랑스어로는 '생 자크(Saint Jacques)'가 되는데, 여기서 영어의 'Jack(잭)'이라는 남성 이름이 프랑스어에서 유래했음을 알 수 있다.

CHAPTER 04

ROOTS 08

'성상 금지령'을 둘러싼
동서 교회의 대립

순례가 유행하기 시작한 것은 서방의 로마 가톨릭교회와 동방 교회의 중심인 콘스탄티노플 교회가 적대적인 관계에 있을 때였다.

로마 가톨릭교회는 게르만인이 건국한 프랑크 왕국과의 관계를 강화하면서 다신교를 믿는 게르만인이 쉽게 이해할 수 있도록 성상을 이용해 포교를 하고 있었다.

반면에 동방의 콘스탄티노플 교회에서는 8세기에 성상 금지령 (iconoclasm)을 내렸는데, 이것이 동서 교회 대립의 큰 원인이 되었다. 그 외에도 교리와 전례의 차이, 교황의 권한 등의 문제를 둘러싸고 사실상 동서 교회는 분열 상태에 있었다.

당시 비잔틴 제국은 튀르키예의 이슬람 정권인 셀주크 왕조에 의해 압박을 받고 있었고, 아나톨리아의 지배권을 잃어가고 있었다. 이에 비잔틴 황제 알렉시오스 1세는 로마 교황에게 용병 파견을 기대하며 구원을 요청했다.

처음에 이 요청에 응한 것은 그레고리우스 7세였다. 그는 같은 기독교 세계에 속한 비잔틴 제국을 구하자고 백성들에게 호소했지만, 호응하는 사람이 적어 실현되지 못했다. 그리고 그레고리우스 7세 다다음 교황인 우르바누스 2세 때 다시 요청이 있었다.

우르바누스 2세는 일반적인 방식의 호소는 호응이 없을 것으로 판단하고 고민 끝에 "이슬람교도에게 빼앗긴 성지 예루살렘을 탈환하자. 이를 위한 원정에 참여한 자는 완전 면죄부를 주겠다. 이슬람과의 전쟁에서 승리하면 그들의 영토는 우리 것이 된다. 설령 목숨을 잃더라도 신의 가호로 천국에 갈 수 있다."고 백성들을 고무시키고, 1095년 클레르몽 공회의(종교회의)를 열어 기독교 세계의 팽창 운동이 될 '십자군' 파견을 주창했다. 그 결과 우르바누스 2세의 '성지 탈환'이라는 말이 사람들의 마음을 사로잡아 십자군이 결성된다. 하지만 십자군 파견을 주창한 우르바누스 2세의 진짜 목적은 동서 교회를 통합하고 로마 가톨릭교회의 주도권을 회복하는 것이었다.

✤ 아이돌(idol)의 본래 의미는 '우상(신)'

'성상 금지령'을 뜻하는 iconoclasm(아이코노클래즘)의 어원은 중세 라틴어 iconoclastes[icon(상, 성상)+clastes(파괴)]이다.

컴퓨터 용어로서의 icon(아이콘)은 '도상'이나 '유사 기호'를 의미하며, iconify는 '아이콘화하다'가 된다. 참고로 '우상숭배'는 idolatry(아이달러트리)이며 'idolon(상)+latreia(숭배)'가 어원이다. '아이돌(idol)'의 본래 의미는 '우상(신)'이며, '숭배되는 사람이나 사물'이 원래 뜻이다. 동사형 idolize는 '우상화하다'가 된다.

CHAPTER 04

ROOTS **09**

로마 **교황의 호소**로
십자군 원정이 시작되다

교황 우르바누스 2세의 호소에 많은 제후와 기사가 모였고, 이후 일반 민중과 상인 등이 가세해 이슬람 정권 아래 있던 성지 예루살렘 탈환을 슬로건으로 십자군이 결성된다. 제후(諸侯)는 국왕 다음인 '봉건 영주(feudal lord)'를 의미하며, 대귀족이라고도 한다.

✣ Cross(십자가)에서 탄생한 영단어

'십자군(Crusades)'은 참가자들이 가슴에 십자가를 달고 있었던 것에서 유래한 말로, crusade의 어원은 '십자가'를 뜻하는 라틴어 crux이며, cross는 동사로 '가로지르다, 교차하다', 명사로 '십자가', across는 '십자가 쪽으로'에서 '~을 가로질러', crucial은 기독교인에게는 십자가가 예수의 상징이므로 '중대한, 결정적인'이 된다.

그 외 crucify는 '십자가에 못 박다', crucifixion은 '십자가를 고정하다(fixion)'에서 '십자가 처형', cruise(크루즈)는 바다를 가로지르듯이

십자군(Crusades)은 참가자들이 가슴에 십자가를 달고 있었던 것에서 유래했으며, crusade의 어원은 라틴어 '십자가'를 뜻하는 crux를 기반으로 한다. 제2차 십자군 전투인 도릴레움 전투(1147)를 묘사한 14세기 그림이다.

항해하는 것에서 동사로 '유람하다', 명사로는 '배 여행', '순항'이다. cruiser(크루저)는 '순양함', cruising(크루징)은 대형 선박에 의한 '순회 여행', crusader는 '십자군에 참가한 자'라는 뜻이 된다.

십자군 원정은 1096년 제1차부터 1270년 제7차(8차라고도 한다)까지 약 200년에 걸쳐 전개되었다. 제1차 십자군 원정에 앞서 민중 십자군 원정이 이루어졌다. 프랑스에 은자 피에르가 나타나 프랑스 전역을 돌아다니며 교묘한 말솜씨로 10만 명의 민중을 모아 콘스탄티노플로 향했다.

이 백성들 중에는 기사 계급이나 군대를 경험한 사람들도 있었지만, 대부분은 먹고살기 힘든 사람들이어서 '빈민 십자군'이라고 불리기도 했다. 목적도 저마다 달랐는데, 순수하게 이교도를 멸망시키기 위한 성전이라고 생각하는 사람, 단순히 예루살렘 순례를 생각하는 사람, 새로운 땅으로의 이주를 희망하는 사람 등등 다양했다.

그들은 성지로 향하는 도중에 특히 자신들에게 이교도인 유대인 공동체에서 많은 약탈과 학살을 저질렀다. 유럽에서의 유대인 박해는 여기서부터 시작된 것으로 여겨진다. 또한 헝가리 왕국과 비잔틴 제국 영역에서도 충돌을 반복하면서 콘스탄티노플 맞은편의 소아시아(아나톨리아)에 상륙했지만, 적에게 간단히 제압당해 많은 이가 살해되거나 노예가 되었다. 피에르는 운 좋게 살아남아 제1차 십자군 전쟁에 참여하게 된다.

애초에 비잔틴 제국의 알렉시오스 1세는 구원군을 요청했을 뿐 성지 탈환 등을 전혀 의도하지 않았다. 그는 맞은편의 소아시아를 탈환하는 것이 목적이었다.

CHAPTER 04

ROOTS 10

대성공으로 끝난
1차 십자군 전쟁

    각지에서 출발한 제후와 기사들은 1096년 12월에 콘스탄티노플에 집결해 비잔틴 제국군과 함께 아나톨리아로 향한다. 먼저 니케아 공방전(Siege of Nicaea)에서 이슬람군을 격파하고 아나톨리아에서 시리아로 진군한다. 이 전쟁에서 십자군은 전투 중에 죽인 적병의 머리를 투석기로 적진에 던지는 잔인한 행위로 이슬람군의 전의를 상실하게 만들었다고 한다.

    이어 십자군은 1097~1098년에 시리아 북부의 안티오키아 공방전(Siege of Antioch)에서 승리한다. 도중에 십자군은 점령한 도시에서 약탈, 학살, 강간 등 그야말로 극악무도한 짓을 저질렀다. 특히 대도시 안티오키아에서는 식량난으로 이슬람인을 구워 먹는 믿기 힘든 만행까지 저질렀다. 1099년에 십자군 병사들은 예루살렘성으로 쳐들어가 7만 명 이상의 이슬람교도를 살해한다. 당시 성 안에 피가 무릎 높이까지 찼다는 소문까지 돌았다.

    이렇게 1차 십자군 원정은 대성공으로 끝났다. 십자군 지도자들은 십자군 국가인 예루살렘 왕국을 건설하고 현지의 무슬림들과 공존하면서 무역을 통한 상업 활동을 하는 한편, 유럽에서 기사들을 불러들여 전투적 수도회인 성전 기사단(Knights Templar)을 창설하고 군사 활동에 종사하게 했다. 그들의 역할은 주로 예루살렘으로 향하는 순례자들을 보호하는 것이었다.

CHAPTER 04

ROOTS **11**

저력을 앞세운 이슬람 세력의
2차 십자군 전쟁

얼마 지나지 않아 이슬람의 반격이 시작되어 1144년 에데사가 함락된다. 이에 따라 조직된 것이 2차 십자군 원정(1147~1149)이다. 당시 시대적 배경으로 가톨릭교회는 이베리아반도의 레콩키스타에 군대를 보내는 데 주력하고 있던 시기였고, 남프랑스와 북이탈리아 사람들의 관심은 이베리아반도로 향하고 있던 상황이었다. 독일 왕 콘라트 3세와 시칠리아 왕 루제로 2세는 대립 관계에 있었다. 역대 신성 로마 제국 황제들은 로마를 지배하고 싶어 했지만, 바이킹 출신인 루제로 2세가 이를 용납하지 않았기 때문이다.

이런 상황에서 십자군은 콘라트 3세와 프랑스 왕 루이 7세를 지도자로 많은 병사가 모였지만, 각각 다른 목적을 가진 병사들을 통제하지 못하는 데다 이슬람군의 공격으로 큰 피해를 입어 원하는 결과를 얻지 못하고 종말을 맞이한다.

중세 시대의 동양과 서양을 비교하면 문화적으로나 학문적으로나 동양이 훨씬 우월했으므로 전쟁에서도 동양이 마음 먹고 맞붙으면

질 이유가 없었을 것이다. 1차 십자군 전쟁에서 이슬람이 굴복한 것도 너무 방심했기 때문이었다고 할 수 있다.

❖ 이교도(pagan)는 '촌놈'을 뜻하는 경멸적인 단어다

이슬람에서는 아이유브 왕조의 살라흐 앗 딘이 등장해 1187년 예루살렘을 탈환한다. 그는 유럽인들에게 '살라딘'으로 불리며 진정한 용사로 인정받았던 덕망 있는 인물이었다. 이슬람이 예루살렘을 재탈환했을 때 기독교인들은 모두 참수당할 줄 알았지만 실제로는 그렇지 않았고, 불필요한 살상은 전혀 없었다.

기독교와 이슬람교 중 '어느 종교가 더 우월한 종교인가'를 따지는 것은 어리석지만, 타종교에 대한 태도와 자세를 비교하면 이슬람교가 더 관용적이었다는 것은 분명하다. 둘 다 일신교이지만 기독교는 무슬림과 유대인을 '이교도'라고 경멸했다. 이슬람교는 기독교인과 유대인을 '성서의 백성'이라 불렀고, 지배 아래 있는 기독교인이나 유대인이 지즈야(jizyah)라는 인두세를 내면 딤미[Dhimmī, 이슬람법에서 딤마(dhimma)가 주어진 사람들을 말한다. 이 경우의 딤마는 비무슬림에 대한 생명과 재산의 보장을 의미한다-옮긴이]로서 신앙생활을 보장해주었다.

이들 세 종교의 공통된 경전은 『구약성서』가 근간을 이루고 있지만, 이슬람교도들은 불교도나 조로아스터교도 등도 딤미로 삼았다. 영어로 '이교도'는 pagan 또는 heathen으로 표현하는데, 둘 다 '촌놈' 또는 '교양 없는 놈'이 어원으로 상대방을 비하하는 단어다.

CHAPTER 04

ROOTS **12**

'십자군 역사의 꽃', **3차 십자군**

　예루살렘을 살라흐 앗 딘에게 빼앗기고 2년이 지난 1189년부터 3년 동안 3차 십자군 원정이 이루어진다. 로마 가톨릭교회의 교황 그레고리우스 8세의 성지 탈환을 위한 십자군 결성 요청에 잉글랜드 왕 리처드 1세(사자왕=Lion Heart), 프랑스 왕 필리프 2세(존엄왕=Auguste), 신성 로마 제국 황제 프리드리히 1세(붉은 수염왕=Barbarossa)가 응답했다. 흔히 '십자군 역사의 꽃'이라고도 불리는 3차 십자군은 당시 잉글랜드와 프랑스, 프랑스와 독일이 각각 적대 관계였기 때문에 따로따로 성지로 향하게 된다.

✥ 붉은 수염왕의 '빨강'과 어원이 같은 '루비', '녹', '풍진'

　Barbarossa(바르바로사)의 어원은 '붉은(rossa)'과 '수염(barba)'으로 이루어져 있다. barba는 '이발사' barber의 어원이고, rossa는 red(빨강)와 마찬가지로 라틴어 ruber가 어원이다. ruby(루비), rouge(루주),

Barbarossa(붉은 수염왕)라 불린 신성 로마 제국의 황제 프리드리히 1세(가운데). rossa는 라틴어 ruber가 어원이며 red(빨강)와 어원이 같다.

rust(녹), rusty(녹슨), ruddy(불그스름한, 혈색이 좋은), 붉은 발진을 동반하는 rubella(풍진)도 같은 어원이다.

프리드리히 1세는 현재 튀르키예 남부의 지중해에 면한 킬리키아 (Cilicia, 소아시아의 남동쪽 해안, 키프로스 북쪽의 해안 지역을 말하는 고대의 지명-옮긴이)의 강을 건너다가 갑옷을 입은 채로 말에서 떨어져 익사했다. 그 바람에 그의 부대는 도중에 귀국할 수밖에 없었다. 한편, 남은 잉글랜드와 프랑스 2개 부대는 성지 예루살렘 앞의 아크레(Acre, 현재 이스라엘 북부의 항구도시-옮긴이)를 탈환하는 데 성공한다.

그런데 여기서 프랑스 왕 필리프 2세는 건강이 좋지 않다는 이유를 들어 귀국해버린다. 사실 이는 꾀병이었고, 예루살렘 탈환의 장점과 국내 군대의 희생이라는 단점을 저울질한 끝에 내린 결정이었다고 한다.

마지막으로 남은 잉글랜드 왕 리처드 1세는 예루살렘으로 향하지만, 성을 굳건히 지키고 있는 최강의 살라흐 앗 딘 군대를 보고는 도저히 이길 수 없다고 판단하고 휴전협정을 맺으면서 원정은 실패로 끝난다.

CHAPTER 04

ROOTS **13**

최악의 십자군, **4차 십자군** 원정

'악명 높은 십자군'으로 불리는 4차(1202~1204) 십자군은 로마 교황 인노켄티우스 3세의 요청으로 주로 프랑스 제후와 베네치아 상인들을 중심으로 결성되어 원정길에 올랐다. 당시는 '교황은 태양, 황제는 달'이라는 말이 있을 정도로 교황권이 절정에 달했던 시기였다.

교황은 성지 예루살렘 탈환은 어렵다고 판단하고, 이슬람의 본거지인 이집트 카이로 공략을 목표로 삼았다. 이 시점에서 십자군 원정의 본래 의미는 완전히 사라졌다. 당시 동방 무역을 거의 독점하고 있던 베네치아 상인들은 십자군 수송을 맡게 되었는데, 상인들에게 지불할 수송비가 부족했다. 그래서 십자군은 같은 기독교 국가인 헝가리의 도시를 공격했지만, 이를 이유로 교황으로부터 파문을 당하고 말았다.

오래전부터 베네치아 상인들은 무역 문제로 비잔틴 제국과 갈등을 겪었다. 십자군은 함대 비용을 부담해준 베네치아 상인들을 위해 성지 탈환이라는 목적을 비잔틴 제국의 콘스탄티노플 공격으로 변경했다. 그리고 비잔틴 제국의 금각만(金角灣, Golden Horn)에 상륙한 십자군은 순식간에 콘스탄티노플을 함락시키고, 플랑드르 백작 보두앵이 황제가 되어 라틴 제국(1204~1261)을 건국했다.

❖ 교황 인노켄티우스는 순진했다(innocent)

비잔틴 제국이 일시적으로 소멸하고 동서 교회가 통일되자 교황 인노켄티우스 3세는 군대의 파문을 풀고 이를 축복했다고 한다. 참으로 순진한 인노켄티우스(Innocentius) 교황! 그 이름은 라틴어 innocens(무고한, 해가 없는)에서 유래했는데, 영어 innocent(순진한, 속기 쉬운, 죄가 없는)도 innocens가 어원이다.

하지만 1261년, 미카엘 8세 팔라이올로고스가 콘스탄티노플을 탈환하면서 비잔틴 제국은 재건된다. 이로써 비잔틴 제국은 형식상으로 이후 약 200년 동안 지속되지만, 실질적으로 이 시점에서 멸망했다고 보는 역사가도 많다. 이후에도 십자군 원정은 계속되었지만 모두 실패로 끝나고, 1291년 마지막 요새였던 아크레가 함락되면서 십자군 원정은 완전히 끝나게 된다.

4차 십자군 원정 이후인 1212년, 프랑스에서 신의 계시를 받은 소년이 나타나 소년 소녀들을 불러 모아 이른바 '소년 십자군(Croisade des enfants)'이 결성되었다. 북프랑스에서 양치기 소년 에티엔이 중심이 되어 결성된 십자군에는 수천 명의 소년 소녀와 함께 어른들도 많이 참여했다고 하는데, 마르세유 항구에서 출항한 7척의 배 가운데 2척은 도중에 난파되고 나머지 5척의 아이들도 노예 상인에 의해 알

1291년의 아크레 공성전을 묘사한 그림. 십자군이 다스리던 도시 아크레가 무슬림에 의해 함락되면서 십자군 원정은 막을 내린다.

렉산드리아에서 노예로 팔려갔다고 한다.

같은 해 독일에서도 10살 소년 니콜라스를 중심으로 한 십자군이 이탈리아 베네치아에서의 원정 출발을 목표로 알프스를 넘어 로마에 도착했지만, 교황 인노켄티우스 3세의 제지를 받고 고향으로 되돌아갔다. 그러나 무사히 고향에 돌아온 사람은 극소수에 불과했다고 한다.

CHAPTER 04

ROOTS **14**

하멜른의 피리 부는 사나이와 아이들은 어디로 갔을까

「하멜른의 피리 부는 사나이(the Pied Piper of Hamelin)」 이야기를 알고 있는가?

옛날 독일 하멜른이라는 마을에 쥐가 대량으로 발생해 주민들이 곤경에 처해 있었다. 그곳에 얼룩 무늬의 옷을 입은 이상한 남자가 한 명 찾아온다. 남자는 금화 한 자루를 주면 쥐를 퇴치해주겠다고 제안하고 주민들이 이에 동의한다.

남자가 피리를 꺼내 불자 온 마을의 쥐들이 뛰쳐나와 남자 주변에 모여든다. 남자가 피리를 불며 마을을 걷자 쥐들도 따라 행진하고, 강으로 유도된 쥐들은 한 마리도 남김없이 물에 빠져 죽는다.

쥐를 모조리 퇴치한 남자는 금화를 요구한다. 하지만 쥐가 너무 쉽게 처리되자 주민들은 보상을 아까워하며 지불을 거부한다. 화가 난 남자는 "그럼 대신에 너희의 소중한 것을 받겠다."는 말을 남기고 그 자리를 떠난다.

다음 날 아침, 주민들이 교회에 있는 동안 남자가 나타나 다시 피

19세기 초의 마르크트 교회.

리를 분다. 그러자 이번에는 아이들이 집에서 나와 남자를 따라 나선다. 아이들은 마을 외곽의 산속 동굴 속으로 사라져 다시는 모습을 보이지 않았다는 이야기다.

이 이야기는 1284년 6월 26일 독일 하멜른에서 실제로 일어난 일을 바탕으로 만들어졌다. 마을 중심부에 있는 '붕겔로젠슈트라세(Bungelosenstraße, 음악 없는 거리)'는 과거 피리 부는 남자와 아이들이 다녔던 길이다. 당시 사건을 애도하는 마음으로 시민들은 축제나 결혼식 때에도 이 길에서는 음악과 춤을 자제하고 조용히 걸어야 한다.

이런 관습은 『그림 동화』가 쓰인 19세기에 이미 있었다고 한다. 구시가지 중심부에 있는 마르크트 교회(Marktkirche)는 1950년대에 재건된 것이며, 1300년 무렵 개축 당시에는 피리 부는 남자에 의한 130명의 어린이 실종 사건을 모티브로 한 스테인드글라스가 설치되어 있었다. 그 후 1660년에 스테인드글라스는 파괴되었지만 많은 역사서에 그 기록이 남아 있다.

스테인드글라스에는 "1284년, 성 요한과 바울의 기념일인 6월 26일, 화려한 옷을 입은 피리 부는 남자에게 130명의 하멜른 어린이들이 끌려가 코펜 인근의 처형장에서 사라졌다."는 설명이 적혀 있었다고 한다. 코펜은 고대 독일어로 '언덕'이라는 뜻이지만 구체적으로 어느 언덕인지는 알 수 없으며, 1592년에 그려진 가장 오래된 「피리 부는 사나이」 수채화는 예전의 스테인드글라스를 모방한 것이라고 전한다.

❖ 피리 부는 남자의 정체와 관련한 어원

피리 부는 남자는 도대체 누구이며, 아이들은 왜 실종된 것일까? 이에 대해서는 여러 설이 있지만, 소년 십자군 설과 동방 이민 설이 유력하게 거론되고 있다. 소년 십자군에 대해서는 앞에서 이야기했지만, 이와 관련한 설의 배경은 다음과 같다. 13세기 독일은 농업 생산력이 향상되면서 인구가 급증하는 시기였다. 밀의 생산지였던 하멜른도 인구 증가에 따라 장남만 집안의 대를 잇고 둘째나 셋째 아들은 현재의 폴란드나 헝가리 등 동방 지역 국가로 일자리를 찾아 이주할 수밖에 없었다.

「하멜른의 피리 부는 사나이」 삽화. 19세기 일러스트레이터인 케이트 그리너웨이의 그림이다.

동방 식민지에 대해서는 이번 장에서 이미 설명했지만, 제후와 기사들은 동방 식민지 사업에 필요한 노동력 확보를 '로카토르'라고 불리는 사람들에게 맡겼다. 이 로카토르가 피리 부는 사나이의 정체라는 설은 설득력이 있어 보인다.

동방 이민 설은 실제로 하멜른시의 공식 견해이기도 하다.

'로카토르'는 문자 그대로 영어로 표현하면 locator(위치 탐사 장치)가 되는데, 이는 local(지역의), locate(위치를 파악하다, 찾아내다), location(위치, 장소), locality(지방, 장소) 등과 같은 계통의 단어다.

locomotive는 '장소를 움직이다'가 원래 뜻인 '기관차'이며, 증기기관차는 steam locomotive이다.

chapter. 4 : 대개간 운동과 십자군 원정대 **223**

약 200년에 걸친 십자군 원정에서 얻은 것은 거의 없고, 잃은 것만 많았다. 그중에서도 가장 큰 손실은 신의 가호로 성지 예루살렘을 탈환하고 영토를 확장할 수 있다고 역설했던 교황과 사제들에 대한 신뢰, 더 나아가서는 교회 자체에 대한 신뢰였다.

유일한 이득을 꼽자면, 가톨릭교회라는 서유럽의 좁은 세계에 갇혀 있던 사람들의 눈이 외지와의 접촉을 통해 밖으로 향하게 되었고, 국가와 종교에 얽매이지 않는 가치관을 갖게 되었다는 점일 것이다. 이 세계관은 훗날 이탈리아 르네상스로 이어지게 된다.

chapter 5

르네상스

CHAPTER 05

ROOTS 01

신 중심에서
인간 중심의 시대로

유럽의 중세는 흔히 '암흑의 시대(the Dark Ages)'라고도 불린다. 찬란했던 서로마 제국의 멸망 이후 경제와 문화가 침체된 시대였다.

urban(도시의)이라는 단어는 로마 시대에 건설된 도시를 urbanus(우르바누스)라고 불렀던 데서 유래했으며, urbane은 '도시적인, 세련된'이라는 뜻으로 고대 로마 시대에 대한 향수(nostalgia)를 불러일으키는 단어다.

❖ 노스탤지어의 어원은 '귀향+고통(향수병)'이다

nostalgia(향수)는 그리스어로 'nostos(향수)+algia(고통)'가 어원으로, 타향에 있으면서 고향을 그리워하는 마음, 즉 향수병을 뜻한다. algia(고통)는 의학용어로 neuralgia(뉴럴저=신경통), arthralgia(아스랠저=관절통), analgesia(애널지저=무통각) 등의 단어를 만든다.

중세는 기독교 중심의 시대로 '개인의 자유'라는 의식은 존재하지 않았고, 교회가 막강한 권력을 쥐고 있던 시대이기도 했다. 하지만 중세 후반에 걸쳐 진행된 십자군 원정의 실패로 로마 교황의 권력과 교회의 영향력이 약화되는 가운데 14세기에 대대적으로 유행한 페스트 등으로 교회에 대한 불신감은 더욱 커지게 되었다.

상인과 일반 민중들도 많이 참여한 십자군 원정을 통해 이슬람권과의 교역도 시작되었고, 물자의 왕래가 활발해지면서 도시가 번영하고 시민계급이 부상했다. 외부 세계를 알게 된 민중들은 이전까지 교회와 성직자들이 말하던 것에 의문을 품게 되고, 이전의 교회 중심의 가치관에서 개성을 중시하는 인간 중심의 가치관 시대로 넘어가게 된다.

❖ 르네상스란 '다시 태어나는 것'

이러한 시대적 배경에서 14세기 무렵 이탈리아 피렌체를 중심으로 시작된 것이 '르네상스(Renaissance)'다. 흔히 '문예부흥'으로 번역되는데, 한마디로 그리스 로마의 고전 문화와 예술을 부흥시키려는 운동이다. 인간미 넘치는 신들이 등장하는 고대 그리스 로마 시대의 고전 문화를 다시 배움으로써 기독교 이전에 인간이 인간답게 살았던 시대를 되찾으려는 운동이며, 신(神) 중심의 세계에서 인간 중심의 세계로 바꾸려는 의식 변화의 시대이다.

Renaissance(르네상스)라는 단어는 라틴어로 '다시 태어나다'라는 뜻의 renascere에서 유래했으며, 're(다시)+nasci(태어나는)+ance(것)'가 어원이다.

❖ gene(태어나다, 종)에서 탄생한 영단어

naive(순진한, 속기 쉬운), native[그 땅에서 태어난 (사람)], nature(자연), natural(자연스러운), nation(국가, 국민), national(국가의), nationality(국적), innate(선천적인) 등은 같은 계열의 단어다. 이 단어들은 인도유럽조어에서 '태어나다', '종'을 뜻하는 gene으로 거슬러 올라간다.

gene은 '유전자', 형용사형인 genetic은 '유전자의', gender는 태어날 때 정해진 '성(의 구분)', generate는 '생성하다, 만들어내다', 명사형 generation은 '세대', genius는 타고난 '재능'이나 '천재성', gentle은 태생이나 성장 환경이 좋은 것에서 '온화한, 온유한', genial은 타고난 '애교가 많은', generous는 타고난 '관대한', '너그러운', pregnant는 '태어나기 전'에서 '임신한'이 된다.

그 밖에 genesis는 '기원', '발생'이며 대문자로 Genesis라고 쓰면 『구약성서』의 「창세기」가 된다. genre(장르)는 '종류, 유형', general은 '모든 종족의'에서 '전체적인' 또는 '일반적인', 부사형 generally는 '일반적으로', genocide는 '종족을 자르다(cide)'에서 '대량학살', genuine은 '순종의'에서 '진짜의, 진품의' 등의 뜻이 된다.

CHAPTER 05

ROOTS 02

르네상스 시대의
3대 발명품

　북이탈리아의 항구도시 베네치아나 제노바는 동방 무역의 중계지로서 향신료와 금은 등 고가의 교역품으로 막대한 부를 얻으며 자치도시로 발전했다. 내륙의 피렌체도 모직물 교역과 금융의 중심지로 번영을 누렸다.

　특히 메디치 가문이라는 대부호 가문은 로마 교황 레오 10세의 보호 아래 르네상스 예술의 강력한 후원자였다. 13세기 동지중해에서 일어난 오스만 제국은 비잔틴 제국을 압박하기 시작했고, 1453년 콘스탄티노플 함락으로 비잔틴 제국은 멸망한다. 그동안에 그리스에 있던 많은 학자와 지식인은 책과 문서를 들고 북이탈리아로 피신했다. 그들은 메디치 가문 등 부호들의 도움을 받아 어학원을 설립하고 그리스와 로마의 문화를 전하며 르네상스 운동을 일으키는 원동력이 되었다.

❖ 3대 발명품을 영어로 답할 수 있나요?

이탈리아에서 시작된 르네상스는 북유럽 국가들로 퍼져나갔으며, 15세기 말부터 전성기를 맞이해 근대 유럽으로의 이행기가 시작되었다. 또한 이 시기는 '화약(gunpowder)', '나침반(compass)', '인쇄술(printing)'이라는 이른바 '세계 3대 발명(the Three Great Inventions)'의 시기와도 겹쳐, 이 세 가지가 서로 맞물려 르네상스 운동을 촉진했다.

이 세 가지는 기본적으로 중국 송나라 때 발명되어 이슬람 상인들에 의해 유럽에 전해진 것이므로 엄밀히 말하면 '개량'이지만, 당시 유럽 사회에 끼친 영향은 어마어마했다.

나침반의 발명은 먼바다 항해를 가능하게 함으로써 대항해 시대로 이어졌고, 상인들이 부상하게 된다. 교회 성직자들은 자신이 필사한 성서를 일반 서민들에게 읽어주는 역할을 했지만, 인쇄술의 발명으로 서민들이 스스로 성서를 읽을 수 있게 되면서 성직자의 존재 가치가 희미해진다.

화약 덕분에 대포와 총이 발명되면서 전쟁의 주인공이 기사와 기병에서 총을 든 보병으로 바뀌는 대대적인 군사 혁명을 가져와 기사들의 몰락을 앞당기게 된다. 비잔틴 제국의 수도 콘스탄티노플이 함락될 때도 대포가 중요한 역할을 했고, 신대륙 발견 후 코르테스, 피사로 등 악명 높은 콩키스타도르(정복자)들에 의한 정복도 화포에 의해 이루어졌다.

1453년, 비잔틴 제국의 수도 콘스탄티노플이 함락될 때도 대포 중요한 역할을 했다. 콘스탄티노플로 진격하는 오스만군의 오른쪽에 위풍당당한 대포가 보인다.

✤ 화포(artillery), 예술(art), 기사(article)의 공통된 의미

'화포'는 총포, 대포 등 화약을 사용하는 무기를 총칭하는 말로, 영어로는 artillery라고 하며, 라틴어로 '이어 붙이는 것'을 뜻하는 articulum에서 유래했다.

art는 '이어붙인 것'이 원래 뜻인데 '예술'이나 '기술'이라는 의미가 되고, '예술'의 파생어는 artistic(예술적인)과 artist(예술가), '기술'의 파생어는 artificial(인공적인)과 artisan(숙련공, 장인)이 된다.

또한 article은 "(문장을) 이어 붙인 작은 것"에서 '기사', '이어 붙여 만든 작은 것'으로 생각하면 '물건, 품목', '단어를 이어 붙이는 것'이라면 '관사(冠詞)' 등의 의미가 된다.

articulate는 '이음새를 붙이다'에서 형용사로는 '명확한', 동사로는 '명확하게 말로 표현하다'이며, arthritis(아스라이티스)는 '이음새의 염증'에서 '관절염'이라는 의학용어가 된다.

CHAPTER 05

ROOTS 03

르네상스 시대의 문학, 라틴어를 버리다

르네상스라는 개성 중시의 사회에서는 개인에 초점을 맞추다 보니 중세에는 상상할 수 없었던 특별한 재능을 가진 사람이 많이 등장하게 된다.

먼저 문학계에서는 이탈리아 르네상스의 선구적인 존재인, 『신곡(The Divine Comedy)』으로 유명한 단테(1265~1321)를 들 수 있다.

단테는 이탈리아 문학의 가장 위대한 시인이자 정치가이기도 했다. 당시 지식인들 사이에서는 라틴어로 책을 쓰는 것이 일반적이었지만, 그는 일반 서민들이 사용하는 토스카나어로 글을 썼다. 그가 르네상스 선구자로 불리는 이유가 여기에 있다.

❖ **연옥(purgatory)은 영혼을 순수하게 만드는 곳**

'지옥편', '연옥편', '천국편'의 3부로 구성된 『신곡』은 1300년 단테 자신이 산 채로 지옥으로 끌려가는 것으로 시작된다. '지옥편'에서는 베아트리체가 보낸 고대 로마의 시인 베르길리우스의 안내를 받으며 다양한 역사적 위인과의 만남을 통해 지옥의 공포를 체험하고 탈출한다. 다음 연옥에서도 단테는 다양한 위인들을 만나 '사랑이란 무엇인가', '죄란 무엇인가'를 생각하며 천국을 향해 계속 나아간다.

그리고 연옥의 마지막 장소인 낙원에서 베르길리우스와 헤어져 영원한 사랑의 여인 베아트리체를 만난다. 그녀는 단테가 어린 시절부터 짝사랑하던 여인으로, 24살의 젊은 나이에 세상을 떠났던 것이다.

단테는 베아트리체 등의 안내로 천국을 여행하며 많은 위인과 성인을 만나고 '신이란 무엇인가'를 생각하며, 마지막에 하얀 장미꽃이 피어 있고 형언할 수 없는 신성함이 느껴지는 천국의 최상층에 도달하며 이야기는 끝이 난다.

단테는 『신곡』을 통해 이 세상의 모든 것이 신의 사랑에 의한 것임을 전하고 있다. 르네상스 운동은 교회에 대한 민중의 불신이 한 요인이 되었지만, 그것이 반드시 기독교를 부정하는 것은 아니라는 사실을 이 작품에서 알 수 있다.

영어로 '연옥'은 purgatory이며, 살아서 지은 소죄(小罪, Venial Sins)를 '정화하는 장소'가 원래 뜻이다. pure(순수한, 순결한), purify(정화하다), purity(순수), Puritan(청교도), pour(붓다), pious(경건한), purge(정화하다, 숙청하다) 등도 같은 계열의 단어다.

✤ night(밤)의 어원이 된 여신

조반니 보카치오(1313~1375)의 이야기집 『데카메론(Decameron)』은 단테의 『신곡(the Divine Comedy)』에 반해 '인곡(the Human Comedy)'이라

「데카메론 이야기」(1916). 『데카메론(Decameron)』은 그리스어 어원의 deca(10)+hemera(일)에서 '열흘간의 이야기'라는 뜻이다. 19세기 라파엘전파의 대표주자였던 존 윌리엄 워터하우스가 그린 그림이다.

고도 불린다. 그리스어 어원의 deca(10)+hemera(일)에서 '열흘간의 이야기'라는 뜻이다. 헤메라(Hemera)는 그리스 신화에서 낮의 여신이며, 밤의 여신 닉스(Nyx)의 딸이다. Nyx는 night(밤), nocturnal(야행성의), nocturne(야상곡)의 어원이 된 여신이다.

『데카메론』은 14세기 중엽에 크게 유행한 페스트를 피해 피렌체 교외의 별장에 은둔한 10명의 남녀가 지루함을 달래기 위해 이야기를 나누는 형식으로 진행된다. 10명이 각각 10일에 걸쳐 각자 10개의 이야기를 들려주어 총 100편을 이루는데, 내용은 익살스럽고 우스꽝스러운 희극이 주를 이루지만 사랑, 비극, 모험 등 다양하며 인간미가 응축되어 있다.

CHAPTER 05

ROOTS 04

르네상스 시대의 예술, 봄을 노래하다

회화에서는 산드로 보티첼리(1444~1510)의 「비너스의 탄생(the Birth of Venus)」(1486년 무렵)과 「프리마베라(Primavera)」(1482년 무렵)가 특히 유명하다.

「비너스의 탄생」은 왼쪽에 서풍의 신 제피로스(Zephyrus)와 그에게 안긴 님프인 클로리스(Cloris), 가운데는 바다에 떠 있는 가리비 껍데기 위에 서 있는 벌거벗은 비너스, 오른쪽에 벌거벗은 비너스의 몸을 감싸안을 망토를 가진 시간과 계절의 여신 호라(Hora, 여러 명의 여신을 나타내는 복수형의 이름은 호라이Horae), 이 세 부분으로 구성되어 왼쪽에서 오른쪽으로 시간이 흘러가는 구도다. 바다 거품에서 태어난 비너스가 서풍에 실려 키프로스섬에 도착하기까지의 일련의 과정이 이 그림에 묘사되어 있다. 이 이야기는 그리스 신화에 나온다.

로마 신화에서 베누스(Venus, '비너스'는 영어명)라고 하는 이 여신은 그리스 신화의 아프로디테(Aphrodite)이다. 그녀는 대지의 여신 가이아와 원래 하늘을 지배하던 우라노스 사이에서 태어난 딸이다. 우라노

보티첼리의 「비너스의 탄생」.

    스는 자신이 낳은 아이들이 추악한 거인이라는 사실을 알고 그들을 심연에 가둬버렸고, 아내 가이아는 아들 크로노스와 공모해 우라노스에 대한 복수를 계획한다.

    크로노스는 가이아에게 받은 낫으로 우라노스의 남근을 잘라내어 바다에 던진다. 신은 불사의 존재이기 때문에 신체의 일부인 남근은 바닷속에서 계속 살아가고, 결국 그 남근 주변에서 거품이 생겨 아프로디테가 태어났다는 신화다. 그리스어로 aphros는 '거품'을 뜻한다.

✥ hour(시간)의 어원이 된 시간의 여신

서풍의 신 제피로스는 봄에 부드럽고 따스한 바람을 만들어 만물을 소생케 한다. 그리스 신화의 님프인 클로리스는 로마 신화에서는 제피로스의 아내 플로라(Flora)이며, 봄과 꽃의 여신이 된다. 아프로디테는 아름다움과 사랑, 풍요의 상징이며, 호라는 계절의 변화와 자연의 질서를 관장하는 그리스 신화의 여신으로, '시간'인 hour의 어원이 되었다.

✥ 엽록소와 염소(chlorine)의 공통점은 '황록색'이다

님프 클로리스의 영어 표기인 Cloris는 그리스어로 '황록색'을 뜻하는 Khloris가 라틴어 Chloris를 거쳐 영어로 차용된 것이다.

chlorophyll(클로로필)은 어원이 'chloro(황록색)+phyll(잎)'이며 '엽록소'를 뜻한다. 광합성을 하는 식물에 있는 녹색 색소이며 우리 체내의 불필요한 물질을 배출하는 작용을 하는 물질이다.

클로렐라(chlorella)의 어원은 그리스어 chlor(녹색)와 라틴어 ella(작은 것)로 이루어졌다. 클로렐라는 클로로필(엽록소)이나 양질의 단백질을 함유한 식물성 플랑크톤으로, 1890년에 네덜란드 미생물학자 베이에링크(Martinus Willem Beijerinck)가 발견해 명명했다.

수영장 소독 등에 사용되는 '염소(chlorine)'는 상온에서 옅은 황록색 기체인데, 어원은 'chlor(황록색)+ine(물질)'이다. '클로로포름(chloroform)'은 어원이 'chlorine(염소)+form(포름산)'으로 예전에 전신 마취제로 사용되기도 했지만, 장기에 미치는 독성이 강해 현재는 의

chapter. 5 : 르네상스 **239**

약품으로 사용되지 않고 있다. 스릴러 영화 등에서 흔히 볼 수 있듯이 클로로포름을 손수건에 묻히고 코를 감싸 잠재우는 것은 절대로 불가능하다고 한다.

✢ '담즙'에서 탄생한 콜레스테롤, 콜레라, 멜랑콜리아(우울증)

간에서 생성되는 담즙은 알칼리성 액체로 음식물의 소화를 돕는 역할을 한다. 색깔은 노란색인데, 산화되면 황록색이나 갈색으로 변한다.

'담즙'은 그리스어로 khole이며, 동맥경화 등을 유발하는 것으로 알려진 콜레스테롤(cholesterol)은 그리스어 khole(담즙)+steros(단단한)+ol(물질)에서 유래했다.

고대 그리스에서는 인간의 몸은 혈액, 점액, 황담즙, 흑담즙이라는 네 가지 체액으로 이루어져 있으며, 인간의 건강 상태와 기질은 이 네 가지 체액의 균형과 자연 환경에 의해 결정된다고 생각했다. '콜레라(cholera)'는 황담즙에 의해 발생하는 급성 장염이라고 생각했으며, '우울(憂鬱)'을 뜻하는 멜랑콜리(melancholy)의 어원은 'melan(검은)+choly(담즙)'인데, 이는 우울증의 원인이 흑담즙이라고 생각했기 때문이다.

✢ gl로 시작하는 '빛나다'의 뜻을 가진 영어 단어

위의 단어들 중에 클로로필(chlorophyll), 클로렐라(chlorella) 등은 어원이 '빛나다' 등의 뜻을 지닌 인도유럽조어 ghel로 거슬러 올라갈 수 있다. 또 이 ghel은 gl로 시작하는 많은 영단어를 만들어냈다.

gold(금), glitter(반짝이다), glass(유리), gloss(광택), glow(환하게 비치다, 빛나다), glance(힐끗 보다), glimpse(힐끔 보다), glare(번쩍이다, 노려보다), glaze[(도자기 등에) 유약을 바르다], glimmer(희미하게 빛나다), gleam(반짝 빛나다), glisten[(젖은 표면이) 반짝이다], glin(반짝반짝 빛나다) 등은 모두 반짝이는 이미지다.

또한 형용사 glad(기쁜)도 마찬가지인데, 결과가 궁금했던 시험에서 합격을 알았을 때 "I'm glad to hear the news(그 소식을 듣고 기쁘다)."와 같이 쓰인다. glad는 안도해 눈앞이 환해지는 것 같다는 뉘앙스를 가진 단어다.

마찬가지로 원래 남성으로 구성된 무반주 합창단을 뜻하는 글리 클럽(glee club)의 glee는 '큰 기쁨, 환희'라는 의미가 있으며, gloat(기쁜 듯이 바라보다)와 같은 계열의 단어다.

보티첼리의 「프리마베라(Primavera)」는 이탈리아어로 '봄'이라는 뜻으로, 라틴어로 '첫 번째 봄'을 뜻하는 prima vera가 어원이다. 이탈리아 오페라의 '프리마돈나(prima donna)'는 '첫 번째 여성'이라는 뜻으로, 영어로 표현하면 first lady이다. 영어의 vernal은 라틴어에서 유래해 '봄의'라는 형용사가 되었고, vernal equinox(버날 이퀴녹스)라면 낮과 밤의 길이가 같은 '춘분'이다.

「프리마베라」에는 오른쪽부터 서풍의 신 제피로스와 그의 아내인 님프 클로리스, 그 옆에는 클로리스가 변신한 로마 신화의 꽃의 여신 플로라, 중앙에는 붉은 망토를 두른 비너스(베누스), 그 머리 위에는 아들 큐피드, 비너스의 왼쪽에는 아름다움의 세 여신, 그리고 맨 왼쪽에는 신들의 전령 메르쿠리우스가 있다.

보티첼리의 「프리마베라」.

    그 외에도 수많은 오렌지와 다양한 꽃들이 피어나는 모습은 봄이 오는 기쁨을 장식적으로 묘사하고 있어, 그야말로 '르네상스의 봄'을 말해주고 있다.

    참고로 일본의 온라인 중고거래 서비스인 '메루카리'는 라틴어 mercari(장사하다)에서 유래했다. 로마 신화에서 전령의 신이자 '상업'의 신인 메르쿠리우스(Mercurius)는 그리스 신화의 '헤르메스(Hermes)'에 해당한다. '시장'을 뜻하는 market도 어원이 같다.

    '보티첼리(Botticelli)'는 이탈리아어로 '작은 통(Botticello)'이라는 뜻으로, 전당포를 운영하던 그의 형 조반니가 체구가 작아 붙인 별명이 통칭이 된 것이다.

영어의 bottle(병)도 같은 라틴어 어원으로 'buttis(통)+le(작은 것)'에서 유래했다. '병목(bottleneck)'은 '병의 목'이 원래 뜻이며, '좁아져서 지나가기 힘든 길'에서 '장애물'의 의미로 쓰이는 단어다. '병코돌고래(큰돌고래)'는 코가 병뚜껑을 닮았다고 해서 bottle-nose dolphin이라고 불린다.

르네상스의 3대 거장으로 불리는 레오나르도 다빈치(1452~1519), 미켈란젤로(1475~1564), 라파엘로(1483~1520)가 활약한 15세기 말부터 16세기 초까지 약 30년간은 이탈리아 르네상스 예술이 최고조에 달했던 '전성기 르네상스(High Renaissance)'라고 불린다.

레오나르도 다빈치의 「최후의 만찬」과 「모나리자」, 미켈란젤로의 「다비드상」과 「천지창조」, 「최후의 심판」, 라파엘로의 「성모자상」 등이 이 시기를 대표하는 작품이다.

CHAPTER 05

ROOTS 05

「최후의 만찬」에 숨어 있는 심리 드라마 효과는?

레오나르도 다빈치는 주로 화가와 조각가로 활동했지만, 미술 외에도 과학자, 기술자, 철학자 등 다양한 분야에서 뛰어난 재능을 발휘한 르네상스를 대표하는 '만능인'이었다. '만능인'은 이탈리아어로 uomo universale(우오모 우니베르살레), 영어로는 universal man이다.

여기서는 그의 대표작 「최후의 만찬」을 다루고자 하는데, 이 작품을 설명하기 전에 『구약성서』 「출애굽기」의 '유월절'에 대해 간략히 언급해두자.

'유월절'은 유대인의 조상인 이스라엘 백성이 노예에서 해방되어 선지자 모세의 인도로 이집트에서 탈출한 것을 기념하는 일주일간의 유대교 축제를 말한다. 하나님은 재앙의 하나로 이집트에 사는 사람과 가축의 첫 자식과 첫 새끼를 모두 죽이려고 하면서, 모세에게 '집의 대문에 붉은 표시가 없는 집에는 재앙을 내리겠다'고 말한다. 모세는 이스라엘 백성들에게 대문에 어린 양의 피를 바르라고 지시한다. 그러면 하나님은 그들의 집만 제외시켜(passover), 이스라엘 백성의 맏아들은 모두 구제받는다는 이야기다.

이집트 탈출 도중에 시간이 없어 발효되지 않은 빵을 먹었던 데에서 유래해 유월절에는 발효되지 않은 빵, 소금물, 어린 양고기 등을 먹는 것이 관습이 되었다.

예수가 체포되어 십자가에 못 박히기 전날의 식사는 예수에게도, 열두 사도에게도 마지막 식사였기 때문에 '최후의 만찬'이라고 불린다. 『신약성서』의 「복음서」에서 '최후의 만찬'은 유월절 식사와 연결되어 있다. 즉, 대문에 바른 어린 양의 피가 이스라엘 백성의 죄를 대속한 것처럼 십자가형에 따른 예수의 죽음이 사람들의 죄를 대속하기 위한 죽음임을 보여준다.

제자들은 예수가 명한 대로 유월절을 준비했다. 저녁이 되자 예수는 열두 제자와 함께 식사 자리에 앉았다. 그리고 모두 식사를 하고 있을 때 "특별히 너희에게 말하지만, 너희 중 한 사람이 나를 배반하려 한다."고 했다. 제자들은 매우 걱정하며 "주여, 설마 제가 아니겠지요?"라고 차례로 물었다. 예수는 "나와 함께 같은 그릇에 손을 넣은 자가 나를 배반하려 한다. 참으로 인자(人子, the Son of Man)는 자기 자신에 대해 기록된 대로 떠난다. 그러나 인자를 배반하는 그 사람은 재앙이다. 그 사람은 차라리 태어나지 않은 것이 그를 위해 더 좋았을 것이다."라고 대답했다. 예수를 배신한 유다가 "선생님, 설마 제가 아니겠지요?"라고 물었다. 이에 예수는 "아니, 너다."라고 말했다.

이 내용은 『신약성서』 「마태복음」 26장 19~25절에 나오는데, 레오나르도 다빈치의 「최후의 만찬」에는 "너희 중 한 사람이 나를 배반하려 한다."는 예수의 말에 제자들이 동요하는 장면이 묘사되어 있다.

이 작품은 1495~1498년에 밀라노에 있는 산타 마리아 델레 그라치에 수도원 식당 벽에 그려진 것으로, 그 이전에도 다양한 '최후의 만찬' 그림이 저명한 화가들에 의해 그려졌다. 그중 대부분은 배신자 유다만 테이블 앞에 있는 것, 예수를 중심으로 테이블을 둘러싸고 있는 열두 사도 중 유다에게만 광배(光背)가 없는 것 등 유다와 다른 제자들을 구분하는 형태로 그려져 있다.

하지만 레오나르도 다빈치의 작품은 유다를 구분하지 않고 13명을 한 줄로 배치한 것이 큰 특징이다. 유다의 위치를 관람객이 찾게 함으로써 그림 속에서 전개되는 심리 드라마에 몰입하게 하는 효과를 노린 것이다.

그림을 자세히 보면 예수의 입이 약간 벌어진 것을 볼 수 있다. "이 중에 배신자가 있다."고 예수가 말하는 순간을 포착한 것이다.

예수는 오른손을 접시에 뻗고 있다. 그리고 같은 접시에 왼손을 뻗고 있는 남자가 보인다. 이 모습에서 이 남자가 예수를 배신한 유다임을 알 수 있다.

또한 유다가 오른손에 쥔 주머니 안에 배신 행위의 보상인 은화 30개가 들어 있는 것을 감상자들이 상상케 한다.

다빈치의 「최후의 만찬」은 원근법을 사용한 점에서도 독특한데, 원근법에서 평행한 선들이 멀리 갈수록 하나의 점으로 모이는 지점을 '소실점(vanishing point)'이라고 한다. vanish(사라지다)의 어원은 'van(비어 있는)+ish(하다)'이다. 이 그림에서는 소실점이 예수의 오른쪽 뺨에 위치하여 감상자의 시선이 자연스럽게 예수의 얼굴로 향하게 된다.

❖ 원근법에서 '소실점(vanishing point)'의 어원

　다빈치가 그린 「최후의 만찬」은 '원근법(perspective)'을 사용함으로써 다른 유사 작품에서 찾아볼 수 없는 독특한 구도를 가지고 있다. 원근법이란 그림에서 거리감을 표현하는 방법 가운데 하나로, 앞쪽에서 뒤쪽으로 멀어질수록 작아 보이는 도법이다.

　예를 들어, 기차의 선두 차량 맨 앞에 서서 운전사와 같은 시선으로 선로를 바라보면, 실제로는 끝없이 평행한 두 개의 레일이 멀리 떨어진 한 지점에서 만나는 것처럼 보인다. 이 한 점을 원근법에서 '소실점(vanishing point)'이라고 한다.

　다빈치의 「최후의 만찬」에서는 소실점이 예수의 오른쪽 뺨에 위치한다. 감상자의 시선이 자연스럽게 예수의 얼굴로 향하게 하는 구도로 그린 것이다. 그림은 예수를 중심으로 좌우 완벽한 대칭을 이루고 있으며, 좌우에 각각 6명씩 제자들을 배치하고, 또 3명씩 그룹으로 묶어 균형 잡힌 구도를 이루고 있다.

vanish(사라지다)의 어원은 'van(비어 있는)+ish(하다)'로 라틴어 vanescere에서 유래했으며, vain, vanity, vanity, vacuum, vacation, vacant, vacancy, evacuate, void, avoid, devoid, vast, devastate, want, wanting, wane, waste 등이 같은 계열의 단어다.

vain은 '비어 있는'에서 '무익한', '쓸모없는', 명사형 vanity는 '공허, 허무, 허영', vacuum은 '진공, 공백', vacation은 아무것도 하지 않는 상태에서 '휴가', '방학', vacant는 아무도 없는 것에서 '비어 있는', '빈자리', 명사형인 vacancy는 '빈방', '빈자리', evacuate는 비우고 밖으로 나가는 것에서 '대피시키다'가 된다.

void는 '텅 빈 상태'에서 '공허함', '상실감', avoid는 '빈 쪽으로'에서 '피하다', devoid는 '비우고 떠나다'에서 '결여되다', vast는 방해하는 것이 없는 상태에서 '광활한', devastate는 '완전히 비우다'에서 '완전히 파괴하다'로 바뀐다.

형태는 약간 다르지만 want는 '부족한 상태'에서 명사로 '결핍' 또는 '부족', 부족한 부분을 채우고자 하는 마음에서 동사로 '원하다'가 된다. 형용사형 wanting은 '부족한, 결여된'이 되고, wane은 달이 '이지러지다, 쇠퇴하다', waste는 '텅 빈 상태로 하는 것'에서 '낭비(하다)' 등의 의미가 된다.

✥ 프레스코화의 프레스코는 프레시(fresh)에서 유래

다빈치의 「최후의 만찬」에는 한 가지 큰 단점이 있다.

그것은 벽화에 적합한 '프레스코화' 기법을 사용하지 않았다는 점이다. '프레스코화'의 어원은 이탈리아어 fresco로, 영어의 fresh(신선한), freshman(신입생), freshwater(담수), refreshing(상쾌한), refreshment(활력 회복, 다과) 등과 같은 계열의 단어다.

프레스코는 벽에 칠한 회반죽이나 모르타르가 마르지 않은 상태에서 물에 녹인 천연 안료로 그림을 그리는 기법이다. 벽이 마르는 과정에 안료를 칠하면 안료가 스며들어 아름다운 색을 내고, 일단 마르면 물에 젖어도 번지지 않아 내구성이 뛰어난 것이 특징이다. 그러나 이 화법은 모르타르나 회반죽이 마르지 않은 상태에서 그려야 하기 때문에 신속하고 숙련된 기술이 필요하며, 덧칠이나 수정이 불가능하다는 단점이 있다.

완벽주의자이자 느린 필치로 유명했던 다빈치는 프레스코화를 싫어해 시간적으로 훨씬 자유로운 '템페라 기법(tempera)'을 선택했는데, 이것이 훗날 큰 문제의 원인이 된다.

✥ 템페라, 기질(tempera), 기온(temperature)의 공통점은 '혼합하는 것'

'템페라(tempera)'는 이탈리아어나 라틴어로 '섞다'라는 뜻의 temperare에서 유래한 것으로, 안료를 달걀이나 아교와 섞어 마른 회반죽이나 모르타르에 바르는 기법이다.

고대 그리스에서는 인간의 건강 상태나 기질은 네 가지 체액으로 결정되는 것으로 생각했다고 앞에서 이야기했는데, 이 네 가지를 단순히 섞은 것이 temper(기분, 기질)이고, 잘 섞인 상태가 temperate(절제된, 온화한)가 된다.

temperature(온도, 기온)는 '혼합된 상태가 건강에 미치는 영향'이 원래 뜻이며, distemper(디스템퍼)는 주로 개에게 많이 나타나는 감염성 질환을 뜻한다.

템페라 기법의 단점은 온도와 습도 변화에 취약하다는 것인데, 애초에「최후의 만찬」벽화 장소가 습기가 많은 식당에 있었다는 것이 큰 문제였다. 완성 후 20년 정도 지나면서 물감이 벗겨지고 검은 곰팡이로 뒤덮이는 바람에 여러 번 보수 작업을 거쳤다.

하지만 이후에도 두 번의 대홍수로 벽화 전체가 물에 잠기거나 18세기 말 나폴레옹의 이탈리아 원정에서는 식당이 마구간으로 사용되는 등 열악한 환경에 노출되었다. 또한 제2차 세계대전 당시 미군의 공습을 받았다. 이때 기적적으로 큰 피해를 입지 않았지만 3년 동안 지붕이 없는 상태로 방치되었다.

현재 볼 수 있는「최후의 만찬」은 1977~1999년에 진행된 복원 작업을 마친 것으로, 예수가 입을 벌리고 있다는 것도, 소실점의 표시인 못 자국이 있다는 것도 그 복원 작업 때 밝혀졌다.

1652년에는 식당과 안쪽의 주방을 연결하기 위해 벽화의 일부를 문으로 바꾸는 어리석은 짓을 저지르기도 했다. 그 과정에서 테이블 중앙 아래에 있어야 할 예수의 발 밑 그림이 사라졌고, 이후 문이 막힌 후에도 검은색으로 칠해진 채로 남아 있다.

CHAPTER 05

ROOTS 06

「천지창조」와 「최후의 심판」에 숨은 메시지

　미켈란젤로의 「천지창조」와 「최후의 심판」은 모두 바티칸 시국의 시스티나 예배당 안에 그려진 것인데, 전자는 천장화, 후자는 제단 뒤편에 그려진 벽화다. 바티칸 시국은 로마 안에 있는 세계에서 가장 작은 나라다. 미켈란젤로는 「천지창조」를 그린 지 20년이 넘은 60세 무렵에 「최후의 심판」 작업에 착수했다.

　'최후의 심판'은 기독교에서 가장 중요한 개념이다. 기독교에서는 세계와 인류는 천재지변이나 전쟁 등으로 파멸할 운명에 처해 있으며, 세상의 종말에 예수가 지상에 재림할 것이라고 한다. 그리고 전 인류가 생전의 행적을 예수에 의해 심판받아 천국행과 지옥행이 결정된다는 믿음을 가지고 있다.

　또한 지상에 재림한 예수가 신앙을 지키고 순교한 성인들과 함께 천 년 동안 세상을 통치한 후 종말을 맞이한다는 종말론도 있다.

　이 천 년 동안은 '천년왕국'으로 불린다. 이를 millennium(밀레니엄)이라고 하는데, 라틴어 'mille(천)+annus(년)'가 어원이다. '천년제'나

chapter. 5 : 르네상스　251

'천년'이 원래 뜻으로, 먼 미래의 '평화롭고 행복한 시대'라는 뜻으로도 쓰인다.

예전에 예수가 승천한 지 천 년 후에 종말을 맞이할 것으로 알려졌기 때문에 서기 1000년 무렵부터 '최후의 심판'을 주제로 한 그림이 많이 그려졌는데, 그중에서도 미켈란젤로의 「최후의 심판」이 가장 유명하다.

'기원전'을 뜻하는 B. C.는 Before Christ의 약자로 '예수 탄생 이전'을 뜻한다. '서기'나 '기원후'인 A. D.는 라틴어 Anno Domini(주의 해), 즉 '예수가 태어난 해'가 어원이다.

✜ 기념일(anniversary)이 연금(annuity)과 어원이 같은 이유

anniversary는 'ann(년)+vers(돌다)+ary(일)'에서 1년에 한 번 돌아오는 '기념일', centennial은 '백년제', bicentennial은 '이백년제', annual은 '일 년에 한 번', biennial은 '2년에 한 번', perennial은 '일 년 내내'에서 '영구적인'이며, annuity는 '연금', annals는 '연대기'가 된다.

「최후의 심판」에는 400여 명의 인물이 그려져 있는데, 중앙에는 지상에 재림한 예수와 성모 마리아, 그 주위를 저명한 성인들이 둘러싸고 있다. 신에 의한 '최후의 심판'에 따라 오른쪽은 지옥으로 떨어지는 사람들, 왼쪽은 천국으로 승천하는 사람들이 묘사되어 있다.

예수가 보았을 때 천국은 오른쪽이고 지옥은 왼쪽인데, 여기에는 이유가 있다. 『신약성서』「마태복음」 25장에 예수가 재림할 때 모든 민족을 앞에 두고 "양은 그 오른편에 염소는 왼편에 두리라."라고 말

미켈란젤로의 「최후의 심판」.

하는 장면이 있다. 이는 『구약성서』에 따라 '양'은 하나님의 백성, '염소'는 악인의 상징이라는 생각에 근거한 것으로, 사람들의 생전의 행위를 심판하고 '선'과 '악'을 구분하는 이는 재림한 예수이며, 인간의 영역이 아님을 설파하고 있는 것이다.

✥ 왜 오른쪽(right)이 '정의'를 의미할까?

영어에서도 "separate the sheep from the goats(양과 염소를 구분한다)."는 '선과 악을 구분한다'는 의미로 사용되는 표현으로, 기독교에는 '오른쪽=선, 왼쪽=악'이라는 개념이 있다. 영어에서 '오른쪽'의 right는 '똑바로 인도하다'라는 뜻의 인도유럽조어 reg에서 유래했듯이, 형용사로는 '옳은', 명사로는 '옳은 것'이라는 뜻이 된다.

반면 오른쪽의 반대인 '왼쪽'은 '약한', '가치 없는'이 어원이며, 예로부터 오른손잡이 인구가 압도적으로 많았음을 반증하는 것으로 볼 수 있다. 라틴어로 '왼쪽'을 뜻하는 sinister는 영어로 '불길한', '악의가 있는', 마찬가지로 라틴어로 '오른쪽'을 뜻하는 dexter에서 유래한 영어의 dexterity는 '손재주', 형용사형 dexterous는 '손재주 있는'이 된다.

예수의 오른쪽 아래에는 열두 사도 중 한 명으로 화형에 처해져 순교한 성 바르톨로뮤가 손에 칼과 생가죽을 들고 있다. 성인이 그림으로 그려질 때는 그 성인과 관련한 것이 함께 그려지는 경우가 많았던 것 같다. 이 부분에서 흥미로운 점은 성 바르톨로뮤가 들고 있는 생가죽에 미켈란젤로의 괴로워하는 표정의 자화상이 그려져 있

다는 것이다. 예순 살에 제작을 시작해 거의 혼자서 5년여에 걸쳐 완성했지만 매일같이 초긴장 상태였던 미켈란젤로의 심경을 표현한 것이다(위 그림 참조).

왼쪽 하단에는 연옥에서 구원받은 사람들이 그려져 있다. '연옥(purgatory)'은 12세기 무렵 가톨릭에서만 시작된 교리로, 소죄(작은 죄)를 짓고서 죽은 자가 벌을 받으면서 최후의 심판을 기다리는 곳으로 천국과 지옥 사이에 있는 곳을 말한다. 지상에 사는 사람이 죽은 자를 위해 기도하면 할수록 죽은 자의 영혼이 정화되어 구원받는다는 믿음에서 생겨났다.

오른쪽 아래에는 배 위에서 죽은 자를 향해 노를 휘두르는 남자가 그려져 있다(256쪽 그림 참조). 그는 그리스 신화에 등장하는 저승의 강인 아케론(슬픔의 강)을 지키는 카론이다. 그는 1오볼로스(obolus)의

뱃삯을 받고 죽은 자를 배에 태우지만, 노 젓는 일은 죽은 자에게 맡겼다고 한다. 매장할 때 1오볼로스를 입에 넣지 못한 사람은 이 배를 탈 수 없다고 여겨졌다. 지옥마저도 돈에 따라 달라지는 것이다.

1오볼로스는 1드라크마(Drachma)의 6분의 1인데, 기원전 5세기의 1드라크마가 1990년의 25달러에 해당한다는 연구 결과에 따르면 4달러 정도이니 미미한 액수라고 할 수 있다. 죽은 자들은 이 강을 건너가 지옥의 각 층으로 분류되는데, 미켈란젤로가 이 지옥의 풍경을 그릴 때 단테의 『신곡』 '지옥편'을 참고했다고 한다.

미켈란젤로의 작품은 회화보다 조각이 압도적으로 많고, 스스로도 조각가가 본업임을 자처했는데, 조각의 대표작이 「다비드상」이다. 이 작품은 그가 26살이었던 1501년부터 3년 반에 걸쳐 대리석으로 제작한 것으로 현재 피렌체의 아카데미아 미술관에 소장되어 있다. 왼쪽 어깨에 무언가를 걸치고 있는 높이 517센티미터의 나체 남성상으로, 세계사나 미술 교과서 등 어디선가 한 번쯤은 본 적이 있는 조각품일 것이다.

미켈란젤로의 다비드상.

　이탈리아어로 다비드가 바로 히브리어의 다윗인데, 다윗은 고대 이스라엘의 2대 왕이다. 1993년 이스라엘 북부에서 발견된 비문에 아람어로 '다윗의 집'이라는 표현이 있어 역사학적으로 실존 가능성이 높은 인물로 여겨지고 있다. 참고로 다윗이 왼쪽 어깨에 메고 있는 것은 소년 시절 다윗이 블레셋의 거인 골리앗을 쓰러뜨릴 때 사용했던 돌을 담았던 자루이다.

chapter. 5 : 르네상스　257

CHAPTER 05

ROOTS 07

르네상스 시대를 대표하는 2대 건축물

르네상스 시대를 대표하는 건축물을 두 가지 꼽으라면 피렌체의 '산타 마리아 델 피오레 대성당'과 바티칸 시국의 '산피에트로 대성당'을 들 수 있다.

산타 마리아 델 피오레 대성당은 '피렌체의 두오모'라고도 불리는데, 피렌체를 실질적으로 지배하고 있던 메디치 가문의 의뢰로 세워진 교회로, 1296년부터 140년 이상 걸려 건설되었다. 석조 돔으로는 현재에도 세계 최대 규모를 자랑하며, 지붕에 달린 반구형 '큐폴라(cupola)'는 고대 로마의 기법을 공부한 건축가 브루넬레스키(Filippo Brunelleschi, 1377~1446)가 고안한 공법에 의해 만들어졌다.

✥ '큐폴라'의 의미

cupola(큐폴라)는 '둥근 지붕' 또는 '둥근 천장'을 뜻하며, 라틴어 cupula[cup(통, 상자)+ula(작은 것)]가 이탈리아어를 거쳐 영어로 차용된

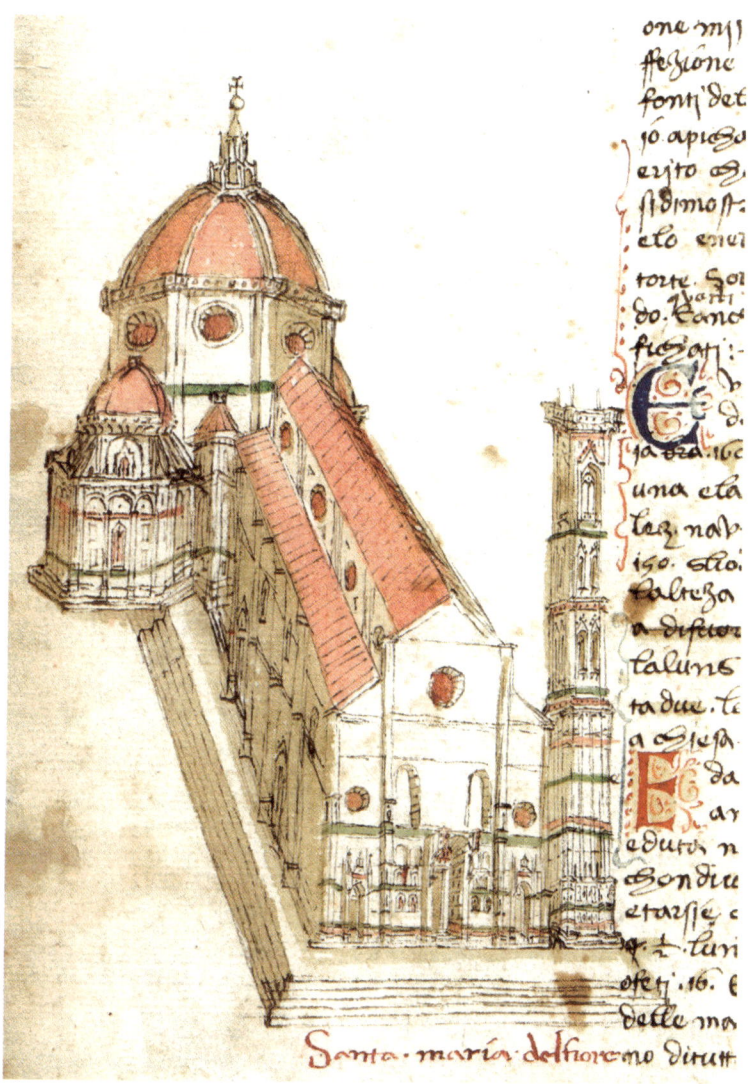

1450년 무렵에 수채화로 그려진 피렌체 두오모의 모습. 지붕에 달린 반구형 구조물 '큐폴라(cupola)'가 돋보인다. cupola(큐폴라)는 '둥근 지붕' 또는 '둥근 천장'을 뜻한다.

단어다. 커피 컵(coffee cup)의 cup도 '통'이 어원이며, 고유명사 인명인 Cooper(쿠퍼)도 '통을 만드는 사람' 또는 '통장수'에서 유래했다. 큐폴라 퍼너스(cupola furnace)는 주물의 원료가 되는 철을 녹이는 '용해로'를 의미한다.

'산피에트로 대성당'은 로마 가톨릭교회의 총본산으로, 세계에서 가장 작은 나라인 바티칸 시국에 있는 세계 최대의 성당이다. 최초의 성당은 4세기에 기독교를 공인한 콘스탄티누스 1세가 예수의 열두 사도 중 한 명이자 초대 교황이 된 성 베드로의 무덤이 있던 자리에 세운 교회라는 것은 잘 알려진 사실이다.

현재의 건물은 1506년 교황 율리우스 2세의 명으로 개보수 공사가 시작되어 1626년에 완성된 것이다. 율리우스 2세는 전성기 르네상스를 대표하는 건축가 브라만테(Donato d' Aguolo Bramante)에게 설계를 맡겼다. 브라만테(1444~1514 무렵)는 「최후의 만찬」 벽화가 그려진 밀라노의 산타 마리아 델레 그라치에 성당을 설계한 인물로, 성당 건축을 하면서 레오나르도 다빈치와 교류하기도 했다.

율리우스 2세는 미켈란젤로에게 바티칸 궁전 시스티나 예배당 천장화, 라파엘로에게 같은 궁전 내에 「아테네 학당」이라는 대형 벽화 등도 주문했다. 시스티나 예배당 천장화는 이미 설명한 바 있지만, 「아테네 학당」에는 고대 그리스의 소크라테스, 플라톤, 아리스토텔레스 등 대철학자 외에 피타고라스, 알렉산드로스 대왕 등이 한자리에 모인 모습이 그려져 있다.

이 그림이 그려진 곳은 바티칸 궁전의 '서명의 방(Stanza della Segnatura)'이라 불리는 율리우스 2세의 학문을 위한 방으로, '인류의 지혜와 미덕, 신앙과 철학이 조화를 이루는 벽화를 그려달라'는 율리

라파엘로 「아테네 학당」.

우스 2세의 주문에 의한 것이었다고 한다. 일직선으로 늘어선 상단의 인물들의 양쪽 끝에서 아치형 건물의 꼭대기를 선으로 연결하면 삼각형이 만들어져 안정감을 주는 구도를 이루고 있다. 하단의 좌우 인물들에 대해서도 작은 삼각형이 만들어져 있다.

중앙에 서 있는 두 인물 중 왼쪽이 플라톤, 오른쪽이 아리스토텔레스이다. 이들이 맞닿은 허리 부분이 원근법의 소실점에 해당하고, 좌우 대칭 구도 역시 르네상스 예술의 특징을 잘 보여주고 있는 작품이다.

그림의 좌우 뒤쪽에는 두 개의 조각상이 있다. 오른쪽은 그리스

「아테네 학당」이 그려진 바티칸 궁전의 서명의 방.

신화에 나오는 지혜와 학문의 여신 아테나, 왼쪽은 리라를 든 의학과 음악의 신 아폴론이다.

  이 그림의 또 다른 특징은 고대 그리스 철학자들의 얼굴이 당시 유명인의 얼굴과 비슷하게 그려져 있다는 점이다. 예를 들어 상단 중앙에 서 있는 플라톤의 얼굴은 레오나르도 다빈치, 하단 중앙 약간 왼쪽에서 대좌에 팔꿈치를 대고 있는 자연철학자 헤라클레이토스의 얼굴은 미켈란젤로를 그린 것이다. 또한, 맨 오른쪽에서 정면을 바라보고 있는 인물은 고대 그리스의 유명한 화가 아펠레스(Apelles)인데, 이 인물에는 라파엘로 자신의 얼굴을 그려 넣었다.

CHAPTER 05

ROOTS 08

르네상스의 중심,
피렌체에서 **로마**로 옮겨가다

　이 무렵부터 르네상스의 중심이 피렌체에서 로마로 옮겨가게 된다. 율리우스 2세의 뒤를 이어 교황이 된 레오 10세는 메디치 가문 출신으로 탐욕스러운 금전욕과 권력욕, 낭비벽으로 악명이 높았다. 바티칸 궁전과 산피에트로 대성당의 개보수 비용을 독일의 거상인 후거 가문으로부터 조달하는데, 그 빚을 갚기 위해 '속죄장'을 팔게 된다. 속죄장은 일종의 면죄부 같은 것으로, 현세에서 죄를 지은 사람도 이 속죄장을 사면 천국에 갈 수 있다고 했다.

❖ '면죄부(indulgence)'의 기원

　'면죄'란 죄를 지은 기독교인이 하나님의 대리자인 성직자에게 고백하고, 성직자가 부과한 속죄의 행위를 함으로써 죄를 용서받는 것을 말한다. 일반적인 속죄 행위는 금식, 기도, 순례 등이었으며, 11세기부터 13세기까지 교회 주도로 진행된 십자군 전쟁에 참전하는 것

「면죄부를 사고 있는 농민 소녀」(1825).

도 속죄의 하나로 여겨졌다. 어떤 사정으로 참전할 수 없는 사람들은 면죄부를 구입하면 속죄 행위가 면제되었다.

 이것이 면죄부의 기원이 되었는데, 레오 10세는 이 면죄부를 신성 로마 제국(훗날 독일)에서 대량으로 판매했고, 그 결과 루터에 의한 종교개혁으로 이어지게 된다. '면죄'의 영어는 indulgence로, 'in(없다)+dulge(고정시키다, 종사시키다)+ence(일)'의 어원으로부터 '속죄에 종사하게 하는 것'이 원래 뜻이며, 동사형 indulge는 쾌락이나 취미 등에 '탐닉하다' '충족시키다', 형용사형 indulgent는 '관대한'이 된다.

고대 그리스 알렉산드로스 대왕(재위 기원전 336~기원전 323)의 동방 원정을 통해 그리스 문화가 오리엔트 문화와 융합되어 헬레니즘 문화가 탄생했고, 헬레니즘 시대를 거쳐 그리스 문화와 철학은 8~9세기에 이슬람 세계로 퍼져나갔다. 이슬람 압바스 왕조의 수도인 바그다드에 설립된 왕립 연구소 '지혜의 집(Bayt-al-Hikma)'에서는 그리스 서적들이 아랍어로 번역되었다.

이 아랍어 서적들은 12~13세기에 이베리아반도의 톨레도(toledo)로 전해졌고, 라틴어로 번역되어 유럽에 알려지게 된다. 이것이 일반적으로 말하는 '12세기 르네상스'이다.

이탈리아 남부 시칠리아섬의 중심지 팔레르모도 톨레도와 비슷한 역할을 하게 된다. 이곳은 한때 페니키아인, 로마인, 게르만인 등의 지배를 받았던 곳이었는데, 878년에 이슬람 세력에 의해 정복되면서 토착 문화와 이슬람 문화가 융합된 독특한 문화를 만들어냈다. 그러나 당시 라틴어를 읽을 수 있는 사람은 성직자나 일부 지식인으로 제한되어 있었기 때문에 '12세기 르네상스'는 대중적으로 널리 확산되지 못했다.

맺음말

「가이아의 여명」이라는 TV도쿄 계열의 프로그램이 있다.
일본 국내외 비즈니스 현장에서 일본의 부흥을 위해 고군분투하는 사람들을 추적하는 다큐멘터리 프로그램인데, '가이아'의 의미를 알고 있는가? 가이아는 그리스 신화에 등장하는 대지의 여신으로, 이 프로그램 이름을 다른 말로 하면 '지구의 여명'일 것이다. 굳이 '가이아'라는 단어를 사용한 배경에는 시청자의 흥미를 끌기 위한 제작자의 의도가 있다.

가이아와 관련이 깊은 단어로 '카오스'가 있다. '혼돈'이라는 뜻으로 쓰이는데, 그리스 신화에서 가이아가 태어나기 전의 상태를 나타내는 단어가 카오스였다. 즉, 카오스(혼돈)에서 태어난 것이 가이아(지구)이다. 카오스의 자식으로는 밤의 여신 눅스가 있으니 가이아와 눅스는 자매인 셈이다.

예전에 이런 일도 있었다. 필자가 현직 고등학교 교사로 운동부 고문을 맡고 있을 때 대회 경기장에서 "니케의 신발을 잃어버렸습니다."라는 방송이 나왔다. 목소리로 보아 나이 지긋한 교사였던 것 같은데, 그 말을 들은 학생들과 교사들 사이에서 웃음이 터져 나왔다. 필자는 그 순간 생각했다. "혹시 이 선생님은 스포츠 브랜드 이름 NIKE(나이키)가 그리스 신화에 등장하는 '승리의 여신(니케)'에서 유래한 사실을 알고 있는 것은 아닐까?"

가이아와 눅스에 대해서는 이 책에서도 언급했지만, 그리스 신화는 어원의 보물창고. 언젠가 그리스 신화에 특화된 어원 책을 써보고 싶기도 하다.

그런데 독자 여러분은 해외여행을 준비할 때 방문하는 나라의 지리나 역사, 사회 등에 대한 사전지식을 가지고 여행을 떠나는가? 필자는 대학생 때부터 여행을 좋아해 지금까지 주로 유럽을 중심으로 여러 차례 여행을 다녀왔다. 대학 전공이 영문학이었기 때문에 유럽에 대한 지식은 어느 정도 갖추고 있다고 생각한다. 하지만 여기서 고백한다. 과거 필자에게 해외여행의 주된 목적은 이국적인 풍경을 보고 현지의 음식과 술을 즐기며 순수하게 여가를 즐기는 것이었고, 단순히 유명하거나 세계유산에 등재되어 있다는 이유로 선택한 관광지가 주 여행지였다.

퇴직한 후에는 해마다 유럽을 찾았지만, 코로나로 인해 더는 그럴 수 없게 되었다. 그 결과 집에 틀어박혀 책과 영상을 통해 유럽의 역사를 공부하며 가상 여행을 즐기는 날이 이어졌다. 하지만 그러면서 많은 것을 발견했고, 그때 생각한 것이 '어원×세계사'를 주제로 한 이 책이다. 이 책을 집필하면서 유럽의 역사에 대해 엄청난 시간을 들여

새롭게 공부할 수 있었다. 이 책은 지면 관계상 르네상스까지의 역사로 되어 있지만, 언젠가 종교개혁과 대항해 시대 이후의 역사에 대해서도 써보고 싶다.

시미즈 겐지

그림 출처

6쪽 | https://ja.wikipedia.org/wiki/%E3%83%90%E3%83%99%E3%83%AB%E3%81%AE%E5%A1%94_(%E3%83%96%E3%83%AA%E3%83%A5%E3%83%BC%E3%82%B2%E3%83%AB)#/media/%E3%83%95%E3%82%A1%E3%82%A4%E3%83%AB:Pieter_Bruegel_the_Elder_-_The_Tower_of_Babel_(Vienna)_-_Google_Art_Project.jpg

21쪽 | https://ko.wikipedia.org/wiki/%EC%9D%B4%ED%83%88%EB%A6%AC%EC%95%84%EC%9D%98_%EC%97%AD%EC%82%AC#/media/%ED%8C%8C%EC%9D%BC:Capitoline_she-wolf_Musei_Capitolini_MC1181.jpg

26쪽 | https://en.wikipedia.org/wiki/File:Cicero_Denounces_Catiline_in_the_Roman_Senate_by_Cesare_Maccari_-_3.jpg

29쪽 | https://en.wikipedia.org/wiki/Et_tu,_Brute%3F#/media/File:Et_tu,_version.jpg

35쪽 | https://ko.wikipedia.org/wiki/INRI#/media/%ED%8C%8C%EC%9D%BC:Icon_03032_Raspyatie_s_predstoyaschimi.jpg

40쪽 | https://commons.wikimedia.org/wiki/File:Stonehenge_-_Description_of_Great_Britain_and_Ireland_%28c.1574%29,_f.36_-_BL_Add_MS_28330.jpg

42쪽 | https://en.wikipedia.org/wiki/Nemesis#/media/File:Pierre-Paul_Prud'hon_-_Justice_and_Divine_Vengeance_Pursuing_Crime.JPG

45쪽 | https://ko.wikipedia.org/wiki/%EC%84%B1_%EB%B2%A0%EB%93%9C%EB%A1%9C_%EB%8C%80%EC%84%B1%EC%A0%84#/media/%ED%8C%8C%EC%9D%BC:Petersdom_von_Engelsburg_gesehen.jpg

50쪽 | https://www.classicalimages.com/products/1650-fuller-antique-print-a-view-of-neros-palace-rome

52쪽 | https://upload.wikimedia.org/wikipedia/commons/thumb/e/e7/Aureus%2C_Auguste%2C_Lyon%2C_btv1b104440369.jpg/960px-Aureus%2C_Auguste%2C_Lyon%2C_btv1b104440369.jpg

55쪽 | https://poulwebb.blogspot.com/2014/02/vintage-valentines-cards.html

59쪽 | https://en.wikipedia.org/wiki/Trinity#/media/File:The_church_of_SS_Peter_and_Paul_in_Brockdish_-_stained_glass_-_The_Holy_Trinity.png

75쪽 | https://upload.wikimedia.org/wikipedia/commons/2/20/Budapest-Sz%C3%A9chenyi.jpg?uselang=hu

79쪽 | https://soi.today/?p=99785

87쪽 | https://ja.wikipedia.org/wiki/%E3%83%8F%E3%83%AB%E3%82%B7%E3%83%A5%E3%82%BF%E3%83%83%E3%83%88%E6%B9%96#/media/%E3%83%95%E3%82%A1%E3%82%A4%E3%83%AB:Hallstatt-Blick-auf-See.jpg

93쪽 | https://ko.wikipedia.org/wiki/%EB%85%B8%ED%8A%B8%EB%A5%B4%EB%8B%B4_%EB%8C%80%EC%84%B1%EB%8B%B9#/media/%ED%8C%8C%EC%9D%BC:Notre-Dame_de_Paris,_4_October_2017.jpg

94쪽 | https://upload.wikimedia.org/wikipedia/commons/b/b2/Stundenbuch_Grey-FitzPayn.JPG

102쪽 | https://en.m.wikipedia.org/wiki/File:Courbet_Frankfurt.jpg#/media/File%3AGustave_Courbet_-_View_of_Frankfurt_am_Main_-_WGA5510.jpg

104쪽 | https://en.wikipedia.org/wiki/Road_to_Canossa#/media/File:Schwoiser_Heinrich_vor_Canossa.jpg

그림 출처　269

111쪽 | https://ko.wikipedia.org/wiki/%EB%B0%94%EC%9D%B4%ED%82%B9#/media/%ED%8C%8C%EC%9D%BC:Miscellany_on_the_Life_of_St._Edmund_-_MS_M.736_fol._9v.jpg

114쪽 | https://ja.wikipedia.org/wiki/%E3%83%A8%E3%83%BC%E3%82%AF_(%E3%82%A4%E3%83%B3%E3%82%B0%E3%83%A9%E3%83%B3%E3%83%89)#/media/%E3%83%95%E3%82%A1%E3%82%A4%E3%83%AB:York_Shambles.jpg

116쪽 | https://upload.wikimedia.org/wikipedia/commons/8/85/King_William_I_%28%27The_Conqueror%27%29_from_NPG.jpg

126쪽 | https://ko.wikipedia.org/wiki/%EC%B9%B4%EB%B0%94#/media/%ED%8C%8C%EC%9D%BC:The_Ka'ba,_Great_Mosque_of_Mecca,_Saudi_Arabia_(4).jpg

133쪽 | https://en.wikipedia.org/wiki/Reconquista#/media/File:La_Rendici%C3%B3n_de_Granada_-_Pradilla.jpg

137쪽 | https://en.wikipedia.org/wiki/Flag_of_Castile_and_Le%C3%B3n#/media/File:Christopher_Columbus3.jpg

139쪽 | https://en.wikipedia.org/wiki/Alc%C3%A1zar_of_Segovia#/media/File:Alc%C3%A1zar_of_Segovia,_1838.jpg

142쪽 | https://en.wikipedia.org/wiki/Valencia#/media/File:Val%C3%A8ncia_el_1563,_per_Anton_van_den_Wyngaerde.jpg

145쪽 | https://en.wikipedia.org/wiki/Toledo,_Spain#/media/File:Braun_Toledo_UBHD.jpg

148쪽 | https://en.wikipedia.org/wiki/Harem#/media/File:Giovanni_Antonio_Guardi_005.jpg

149쪽 | https://ja.wikipedia.org/wiki/%E3%83%88%E3%83%9E%E3%82%B9%E3%83%BB%E3%83%87%E3%83%BB%E3%83%88%E3%83%AB%E3%82%B1%E3%83%9E%E3%83%80#/media/%E3%83%95%E3%82%A1%E3%82%A4%E3%83%AB:Torquemada.jpg

155쪽 | https://en.wikipedia.org/wiki/Morisco#/media/File:Weiditz_Trachtenbuch_105-106.jpg

157쪽 | https://en.wikipedia.org/wiki/Saint_Christopher#/media/File:Hans_Memling_033.jpg

160쪽 | https://en.m.wikipedia.org/wiki/File:Escudo_de_Espa%C3%B1a.svg

161쪽 | https://en.wikipedia.org/wiki/Alhambra#/media/File:Dawn_Charles_V_Palace_Alhambra_Granada_Andalusia_Spain.jpg

164쪽 | https://en.wikipedia.org/wiki/Ottoman_coffeehouse#/media/File:MeddahOttomman.png

166쪽 | https://commons.wikimedia.org/wiki/File:Benjamin_Franklin_playing_chess.jpg

173쪽 | https://everettondemand.com/featured/france-15th-c-the-hierarchy-everett.html

178쪽 | https://en.wikipedia.org/wiki/God_Speed_(painting)#/media/File:Leighton-God_Speed!.jpg

182쪽 | https://en.wikipedia.org/wiki/Card_game#/media/File:Theodoor_Rombouts_-_The_Card_Players.jpg

184쪽(왼쪽) | https://fr.wikipedia.org/wiki/Ordre_cistercien#/media/Fichier:Armand_Bouthillier_Rance.jpg

184쪽(오른쪽) | https://en.wikipedia.org/wiki/Odo_of_Cluny

192쪽 | https://topillustrations.wordpress.com/2017/12/28/hansel-and-gretel-pictures-from-the-story

194쪽 | https://upload.wikimedia.org/wikipedia/commons/7/7a/Les_Tr%C3%A8s_Riches_Heures_du_duc_de_Berry_mars.jpg

195쪽 | https://de.wikipedia.org/wiki/%C4%8Cesk%C3%BD_Krumlov#/media/Datei:Egon_Schiele_015.jpg

196쪽 | https://www.pexels.com/search/cesky%20krumlov

200~201쪽 | https://en.wikipedia.org/wiki/Ezra_Winter#/media/File:Canterbury-west-Winter-Highsmith.jpeg

| 208쪽 | https://en.wikipedia.org/wiki/Crusades#/media/File:Combat_deuxi%C3%A8me_croisade.jpg
| 215쪽 | https://upload.wikimedia.org/wikipedia/commons/0/07/Friedrich-barbarossa-und-soehne-welfenchronik_1-1000x1540.jpg
| 219쪽 | https://ko.wikipedia.org/wiki/%EC%95%84%ED%81%AC%EB%A0%88_%EA%B3%B5%EB%B0%A9%EC%A0%84_(1291%EB%85%84)#/media/%ED%8C%8C%EC%9D%BC:SiegeOfAcre1291.jpg
| 221쪽 | https://de.wikipedia.org/wiki/Marktkirche_(Hannover)#/media/Datei:Domenico_Quaglio_Marktkirche_Hannover.jpg
| 223쪽 | https://upload.wikimedia.org/wikipedia/commons/2/2e/Pied_Piper_with_Children.jpg
| 232쪽 | https://upload.wikimedia.org/wikipedia/commons/9/93/Conquest_of_Constantinople%2C_Zonaro.jpg
| 236쪽 | https://commons.wikimedia.org/wiki/File:John_William_Waterhouse_-_The_Decameron.jpg
| 238쪽 | https://ja.wikipedia.org/wiki/%E3%83%B4%E3%82%A3%E3%83%BC%E3%83%8A%E3%82%B9%E3%81%AE%E8%AA%95%E7%94%9F#/media/%E3%83%95%E3%82%A1%E3%82%A4%E3%83%AB:Sandro_Botticelli_-_La_nascita_di_Venere_-_Google_Art_Project_-_edited.jpg
| 242쪽 | https://ja.wikipedia.org/wiki/%E3%83%97%E3%83%AA%E3%83%9E%E3%83%B4%E3%82%A7%E3%83%BC%E3%83%A9#/media/%E3%83%95%E3%82%A1%E3%82%A4%E3%83%AB:Botticelli-primavera.jpg
| 247쪽 | https://ja.wikipedia.org/wiki/%E6%9C%80%E5%BE%8C%E3%81%AE%E6%99%A9%E9%A4%90_(%E3%83%AC%E3%82%AA%E3%83%8A%E3%83%AB%E3%83%89)#/media/%E3%83%95%E3%82%A1%E3%82%A4%E3%83%AB:Leonardo_da_Vinci_(1452-1519)_-_The_Last_Supper_(1495-1498).jpg
| 253쪽 | https://ja.wikipedia.org/wiki/%E6%9C%80%E5%BE%8C%E3%81%AE%E5%AF%A9%E5%88%A4_(%E3%83%9F%E3%82%B1%E3%83%A9%E3%83%B3%E3%82%B8%E3%82%A7%E3%83%AD)#/media/%E3%83%95%E3%82%A1%E3%82%A4%E3%83%AB:Last_Judgement_(Michelangelo).jpg
| 257쪽 | https://unsplash.com/ko/%EC%82%AC%EC%A7%84/david-%EB%B6%84%EB%A5%98-michaelangelo-IbCcAjuRF-k
| 259쪽 | https://it.wikipedia.org/wiki/Cattedrale_di_Santa_Maria_del_Fiore#/media/File:Codice_rustici,_santa_maria_del_fiore.jpg
| 261쪽 | https://ja.wikipedia.org/wiki/%E3%82%A2%E3%83%86%E3%83%8A%E3%82%A4%E3%81%AE%E5%AD%A6%E5%A0%82#/media/%E3%83%95%E3%82%A1%E3%82%A4%E3%83%AB:Raffael_058.jpg
| 262쪽 | https://it.wikipedia.org/wiki/Stanza_della_Segnatura#/media/File:Raffael_Stanza_della_Segnatura.jpg
| 264쪽 | https://commons.wikimedia.org/wiki/File:A_Peasant_Girl_buying_an_Indulgence.jpg

영단어 세계사

지은이_ 시미즈 겐지
옮긴이_ 위정훈
펴낸이_ 강인수
펴낸곳_ 도서출판 **피피에**

초판 1쇄 발행_ 2025년 9월 29일

등록_ 2001년 6월 25일 (제2012-000021호)
주소_ 서울시 마포구 서교동 446-48 (302호)
전화_ 02-733-8668
팩스_ 02-732-8260
이메일_ papier-pub@hanmail.net

ISBN 978-89-85901-28-4 (03900)

· 잘못 만들어진 책은 바꾸어 드립니다.
· 값은 뒤표지에 있습니다.